WTO and China
in Brief

中国"入世"简说

杨国华 /著

人民出版社

序　言

2021 年是中国加入 WTO 20 周年。20 年前，2001 年 11 月 11 日《人民日报》头版发表文章："中国改革开放进程中具有历史意义的一件大事——祝贺我国加入世界贸易组织"。文章做出预测：加入 WTO"必将对新世纪我国经济发展和社会进步产生重要而深远的影响"。二十年后，事实证明，这个预测是准确的。正如《中国与世界贸易组织》白皮书（2018 年 6 月）所指出的那样：

2001 年中国加入世界贸易组织，是中国深度参与经济全球化的里程碑，标志着中国改革开放进入历史新阶段。加入世贸组织以来，中国积极践行自由贸易理念，全面履行加入承诺，大幅开放市场，实现更广互利共赢，在对外开放中展现了大国担当。

以世贸组织为核心的多边贸易体制是国际贸易的基石，是全球贸易健康有序发展的支柱。中国坚定遵守和维护世贸组织规则，支持开放、透明、包容、非歧视的多边贸易体制，全面参与世贸组织工作，为共同完善全球经济治理发出中国声音、提出中国方案，是多边贸易体制的积极参与者、坚定维护者和重要贡献者。

中国加入世贸组织既发展了自己，也造福了世界。中国积极践行新发展理念，经济发展由高速度向高质量迈进，成为世界经济增长的主要稳定器和动力源。中国奉行互利共赢的开放战略，积极推动共建"一带一路"，在开放中分享机会和利益，在实现自身发展的同时惠及其他国家和人民，增进了全球福祉，促进了共同繁荣。

……

加入世贸组织后，大规模开展法律法规清理修订工作，中央政府清理法律法规和部门规章2300多件，地方政府清理地方性政策法规19万多件，覆盖贸易、投资和知识产权保护等各个方面。2014

年，制订进一步加强贸易政策合规工作的政策文件，要求各级政府在拟定贸易政策的过程中，对照世贸组织协定及中国加入承诺进行合规性评估。2016年，建立规范性文件合法性审查机制，进一步清理规范性文件，增强公共政策制定透明度和公众参与度。

作为当年加入WTO谈判的见证人，加入后中国在WTO"打官司"的参与者，现在从事WTO教学的研究者，20年来，作者一直与WTO相伴。本书即是作者对20年WTO实务和研究的总结，更是在新形势下对于WTO的思考。总结是从历史中得出结论，坚定对于WTO的信心，而思考是面对现实，提出方案，特别是当前WTO面临挑战甚至危机，即规则谈判举步维艰、上诉机构横遭破坏和区域协定蓬勃兴起，以至于WTO跟时代发展的"相关性"（relevance）饱受质疑的情况下，WTO应该怎么办。

中国加入WTO 20年成绩卓著，本人作为亲历者感到自豪。当前WTO止步不前，前途不明，本人作为"当事人"感到担忧。兹事体大。WTO 的未来，不仅事关世界繁荣和中国富强，而且事关本人"饭碗"——最近几年，一直有人关心：WTO 不行了，你怎么给学生讲 WTO？在这个系列短文中，我会尝试回答这个问题。

中国加入世界贸易组织签字仪式（2001 年 11 月 11 日，卡塔尔首都多哈）

（图片来源：人民网，http://news.people.com.cn）

目　录

上编

WTO

一、

WTO 的成立与理念

"WTO"（World Trade Organization）是少有的进入大众词汇的英语缩略语，类似的还有 GDP 和 CT 等。进入大众词汇，说明其知名度很高，已经不需要使用对应的汉语。但是在不同情境下使用，WTO 却有不同含义。例如，"今天我去 WTO 开会了"，WTO 是地点；"今天我参加了一个 WTO 研讨会"，WTO 是内容；"WTO 遇到了危机"，WTO 是组织。

作为地点的 WTO，是指 WTO 秘书处所在地，瑞士日内瓦洛桑大街上的一个院子（Centre William Rappard, Rue de Lausanne, 154, Case postale, 1211 Genève 2, Switzerland）。这里最早的房子建

于200多年前（1785年），曾经用于国际劳工组织的办公场所，1977年WTO的前身"关税与贸易总协定"（General Agreement on Tariffs and Trade, GATT）迁入。因此，走进这个院子，建筑和雕塑能够让人感受到浓重的欧洲古典风格，特别是主楼正门两边的石雕"和平女神"（Peace）和"正义女神"（Justice），而后院的群雕"人力"（The Human Effort）以及楼内众多壁画的劳动场面，则在提醒人们这里曾经是劳工组织。当然，更为引人注目的是WTO风光，眼前的莱蒙湖，远处的勃朗峰，湖光山色，令人流连忘返。

作为内容的WTO，主要是指WTO规则，包括已经成文的法律文本和正在谈判的文本草案。前者是"实然法"，已经生效。WTO官方出版物《WTO协定：马拉喀什建立世界贸易组织协定及其附件》（*The WTO Agreements: The Marrakesh Agreement Establishing the World Trade Organization and its Annexes*）共501页，汇编了WTO主要协定，由一个"母协定"及四个附件组成，即《马拉喀什建立世界贸易组织协定》及附件1（货物、服务和知识产权协定）、附件2（争端解决程序）、附件3（贸易政策审议程序）和附件4（诸边协定）。从这些附件的名称可以看出WTO规则的大致内容，即在货物、服务和知识产权等方面建立了一系列纪律，约束作为WTO成员的政府行为。后者是"应然法"，正在形成。WTO成立以来，一直在试图制定新规则，特别是2001年部长级会议公布雄心勃勃的《多哈发展议程》（*Doha Development Agenda*, DDA），启动"多哈回合"谈判。尽管全面谈判已经宣告失败，但是在某些领域，例如渔业补贴和电子商务等方面，WTO成员仍在努力达成协议。"实然法"正在发挥作用，维护着一个现实的多边贸易体制，而"应然法"则是WTO不断进步的努力，力求建立一个更好的多边贸易体制。

作为组织的WTO，是指WTO作为一个实体的存在。WTO是"成员驱动"（member-driven）的组织，"老板"是164个政府成员，而在总干事（Director-General）领导下的秘书处623人，都是

"打工仔"，为 WTO 成员提供服务。换句话说，当我们说 WTO 应该做什么，实际上是说 WTO 成员应该做什么。

WTO 于 1995 年 1 月 1 日正式成立，至今已 26 年，但是其前身 GATT 却成立于 1947 年，至今已 74 年。GATT 是第二次世界大战以后国际社会重建世界经济秩序的重要努力，与世界银行和国际货币基金组织并称为"三大支柱"。GATT 最根本理念就是促进贸易，即为货物在国际间流动提供便利。WTO 管理的领域，从货物贸易扩大到服务贸易和知识产权，而 WTO 成立之后，一直在试图进一步扩大领域，包括投资、竞争政策、劳工、环境和电子商务等方面。领域扩大，开疆拓土，但是 WTO 根本理念没有变化，即促进贸易，因为贸易能够优化资源，造福人类。

那么，贸易促进是如何实现的？中国加入 WTO，为什么会有"经济发展和社会进步产生重要而深远的影响"的神奇效果呢？

延伸阅读：

1. The WTO,https://www.wto.org/english/thewto_e/
thewto_e.htm.

2. WTO in Brief, https://www.wto.org/english/thewto_
e/whatis_e/inbrief_e/inbr_e.htm; https://www.wto.org/eng-
lish/thewto_e/whatis_e/inbrief_e/inbr_e.pdf.

3. Understanding the WTO, https://www.wto.org/eng-
lish/thewto_e/whatis_e/tif_e/tif_e.htm.

4. The WTO Building, https://www.wto.org/english/
res_e/booksp_e/wto_building15_e.pdf.

5. Centre William Rappard: Home of the World Trade
Organization, https://www.wto.org/english/res_e/publica-
tions_e/cwr11_e.htm.

6. WTO legal texts: https://www.wto.org/english/docs_
e/legal_e/legal_e.htm.

WTO 秘书处鸟瞰图

（图片来源：World Trade Organization, *The WTO Building*, 2010, p.31）

世界贸易组织协定及其附件
（图片来源：WTO 网站，www.wto.org）

二、
WTO 的组织机构与运行模式

上文（参见一、WTO 的成立与理念）说到，作为组织的 WTO，实际上由 164 个政府成员和 623 个秘书处工作人员组成，并且成员是"老板"，秘书处是"打工仔"。他们是怎么配合工作的？

打开 WTO 结构图（详见文末附图），能够看到一个典型的"科层制"机构，等级关系非常清楚。最上面是"权力机构""部长级会议"（Ministerial Conference），每两年开一次会，负责决策，参会者一般是来自成员政府的部长级官员。第二级是"常设机构""总理事会"（General Council），由成员常驻代表组成，每月开会。第三级是 3 个"办事机构""理事会"（Council），分别负责货物、服务

中国"入世"简说

和知识产权方面的工作。从这张图还可以看到各种"委员会"（Committee），有些属于3个理事会，有些则属于总理事会。随后再打开WTO秘书处结构图（详见文末附图），又能够看到另一个典型的"科层制"机构。最上面是"总干事"（Director-General），其下是4位"副总干事"（Deputy Director-General），最下面是17个"司"（Division）。两张图结合起来，WTO成员与秘书处关系一览无遗：部长级会议、总理事会、理事会和委员会由各个政府的代表组成，而总干事、副总干事和各个司为这些"会"服务。

事实上，从这两张图，已经能够看出WTO的主要功能有两个：制定规则和执行规则。制定规则，就是通过谈判形成协议，规定WTO成员在国际贸易中的权利和义务，而执行规则，就是保障协议得到有效实施，特别是通过争端解决和贸易政策审议的途径。在WTO结构图中，总理事会同时承担"争端解决机构"（Dispute Settlement Body）和"贸易政策审议机构"（Trade Policy Review Body）的职责，属于一个机构三块牌子。从这种安排看，

WTO 确实是一个"成员驱动"（member-driven）组织：WTO 成员自己制定规则，自己监督实施，实行高度"自治"。

WTO 决策机制，继承了 GATT"协商一致"（consensus）原则。也就是说，在开会决策的时候，没有成员表示反对。WTO 虽然也规定了表决制度，包括多数票、三分之二票和四分之三票，但是从来没有用过。协商一致当然是好事，因为每个人都同意的事情能够更好贯彻落实。但是这种制度看上去也有缺点，有人认为 WTO 很难达成协议，这就是一个原因。看看别的国际组织，有的是采取大国主导型，例如联合国的安理会常任理事国制；有的是采取加权投票型，例如国际货币基金组织的缴费挂钩制。然而，这些制度也各有优缺点。尽管协商一致遭到一些质疑，但是似乎没有 WTO 成员正式提出改变这个传统。

延伸阅读：

1. WTO organization chart, https://www.wto.org/eng-

lish/thewto_e/whatis_e/tif_e/organigram_e.pdf.

2. The Secretariat, https://www.wto.org/english/thewto_e/whatis_e/tif_e/org4_e.htm.

3. Marrakesh Agreement Establishing the World Trade Organization, https://www.wto.org/english/docs_e/legal_e/04-wto.pdf.

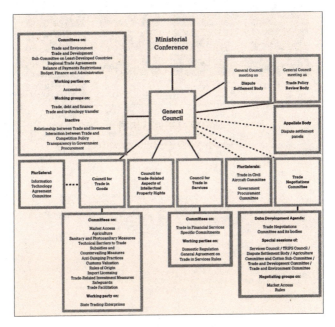

WTO 结构图

（图片来源：WTO 网站，www.wto.org）

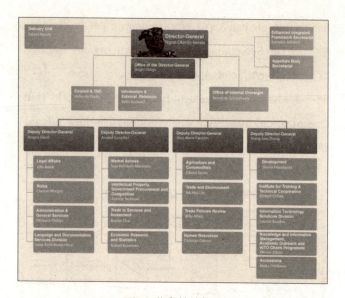

WTO 秘书处结构图

（图片来源：WTO 网站，www.wto.org）

三、
WTO 的主要内容之一：
货物贸易

"货物贸易"（Trade in Goods）是 WTO 的传统领域，1947 年 GATT 就是管理货物贸易的。那么，WTO 制定了哪些规则促进货物贸易呢？

WTO 货物贸易规则，主要体现为 13 个协定，其中 GATT 是最早、全面的协定，其他 12 个协定是后来、局部的协定，只是涉及 GATT 的一些方面，而当二者内容有冲突的时候，以后者为准。

GATT 总共 38 条，标题如下：第一部分：1. 普遍最惠国待遇；2. 减让表；第二部分：3. 国内税和国内法规的国民待遇；4. 有关电影片的特殊规定；5. 过境自由；6. 反倾销税和反补贴税；7. 海关估价；

8.进出口规费和手续；9.原产地标记；10.贸易法规的公布和实施；11.普遍取消数量限制；12.为保障国际收支而实施的限制；13.数量限制的非歧视管理；14.非歧视原则的例外；15.外汇安排；16.补贴；17.国营贸易企业；18.政府对经济发展的援助；19.对某些产品进口的紧急措施；20.一般例外；21.安全例外；22.磋商；23.利益的丧失或减损；第三部分：24.适用领土-边境贸易-关税同盟和自由贸易区；25.缔约方的联合行动；26.接受、生效和登记；27.减让的停止或撤销；28.减让表的修改（之二、关税谈判）；29.本协定与《哈瓦那宪章》的关系；30.修正；31.退出；32.缔约方；33.加入；34.附件；35.本协定在特定缔约方之间的不适用；第四部分（贸易与发展）：36.原则和目标；37.承诺；38.联合行动。

满篇专业词汇，让人晕头转向。还有，这些条款之间的逻辑是什么？

这38条，看上去是一个条约的结构，第一、二部分是实体条款，第三部分是程序条款，第三部分是专门条款（关于发展中国家），但是前两部分的条款是按照什么顺序排列的？经过多年实践，人们发现,38条中"引用率"最高的有12条，即1、2、3、6、10、11、19、20、21、22、23和24。正是这12条，构成了货物贸易规则的基本框架，用语言描述就是：WTO成员不得擅自提高关税，不得对进出口设置数量限制，并且对所有成员的产品应当一视同仁（最惠国待遇），对内外产品也要同等对待（国民待遇），但是在自己产品受到不公平对待（倾销和补贴）以及进口产品数量激增和为保护公共道德及维护国家安全的情况下，可以采取例外措施。此外，贸易方面的法律法规应该公开，成员之间发生纠纷可以诉诸WTO。可想而知，各国做到以上各点，就会为货物进出口创造有利的环境。

其他12个协定的标题是：一、农业；二、卫生与植物卫生措施；三、技术性贸易壁垒；四、投资；五、反倾销；六、海关估价；七、装船前检验；八、原产地；九、进口许可程序；十、补贴与反补贴；十一、保障措施；十二、贸易便利化。这些单独协定，名义上是从 GATT 衍生出来的，是对 GATT 某些内容的扩展，但是其范围显然已经超出了 GATT。与 GATT 条款对照，能够发现以下 5 个对应关系：五（6），六（7），八（9），十（6,16）和十一（19），而其他则没有条款对应，基本上是新增内容。可以这么理解：GATT 生效之后，这些协定所涉及的内容比较重要且在成员之间达成了协议。

GATT 综合规定加上 12 个专门协定，货物贸易领域的规则已经差不多了。还有两个协定，即《民用航空器贸易协定》和《政府采购协定》，只有部分成员参加，被称为"诸边协定"（plurilateral agreement）。此外，WTO 正在谈判渔业补贴规则。

延伸阅读：

1. Understanding the WTO, https://www.wto.org/english/thewto_e/whatis_e/tif_e/tif_e.htm.

2. WTO legal texts, https://www.wto.org/english/docs_e/legal_e/legal_e.htm.

3. WTO trade topics, https://www.wto.org/english/tratop_e/tratop_e.htm.

（图片来源：World Trade Organization, WTO in Brief）

四、
WTO 的主要内容之二：
服务贸易

　　"服务贸易"（trade in services）不太好理解。
"服务"就是"服务"，怎么还"贸易"呢？于是，
《服务贸易总协定》（*General Agreement on Trade in
Services*, GATS）开门见山，第 1 条就对"服务贸
易"进行了界定：从一个成员境内向另一个成员提
供服务，在一个成员境内向另一个成员的服务消费
者提供服务，由一个成员的服务提供者通过商业存
在的形式向另一个成员提供服务，在一个成员的服
务提供者通过自然人存在的形式向另一个成员提供
服务。以上四种服务提供模式，简称"跨境交付"
（cross-border supply）、"境外消费"（consumption

abroad)、"商业存在"(commercial presence)和"自然人流动"(presence of natural persons)。

也许这样的定义会把人整得晕头转向。但是每种模式都提到了"一个成员"向"另一个成员"，看来"服务贸易"的特点就是服务跨越边境："跨境交付"是向外国提供服务，例如国际电话；"境外消费"是消费者使用外国服务，例如国际旅游；"商业存在"是在外国设立分公司，例如银行在外国开设分行；"自然人流动"是个人出国提供服务，例如去外国提供咨询服务。实践中，按照《联合国中心产品分类系统》(*United Nations Central Product Classification System*, CPC）进行分类，将服务行业分为 12 类：商业服务，包括专业服务和计算机服务；通讯服务；建筑和相关工程服务；分销服务；教育服务；环境服务；金融服务；与健康相关的服务和社会服务；旅游和与旅行相关的服务；娱乐、文化和体育服务；运输服务；其他服务。这些行业又被细分为约 160 个具体的服务活动。例如，旅游行业又可以进一步分为饭店、餐饮、旅行社、导游服务等。可想而知，服务市场开放，有利于世界经济发展，而 GATS 就是尝试在促进服务贸易方面提供了一些制度保障。

GATS 共 29 条，标题如下：第一部分 范围和定义：1. 范围和定义；第二部分 一般义务和纪律：2. 最惠国待遇；3. 透明度；4. 发展中国家的更多参与；5. 经济一体化（之二劳动力市场一体化协定）；6. 国内规制；7. 承认；8. 垄断和专营服务提供者；9. 商业惯例；10. 紧急保障措施；11. 支付和转移；12. 保障国际收支的限制；13. 政府采购；14. 一般例外；15. 补贴；第三部分 具体承诺：16. 市场准入；17. 国民待遇；18. 附加承诺；第四部分 逐步自由化：19. 具体承诺的谈判；20. 具体承诺减让表；21. 减让表的修改；第五部分 机构条款：22. 磋商；23. 争端解决与执行；24. 服务贸易理事会；25. 技术合作；26. 与其他国际组织的关系；第六部分 最后条款：27. 利益的拒绝给予；28. 定义；29. 附件。

从结构上看，GATS 与 GATT 有相似之处（参见"三、WTO 的主要内容之一：货物贸易"），包括实体条款（第二、三部分）和程序条款（第四、五、六部分），其中"最惠国待遇""透明度""一般例外""安全例外"和"国民待遇"等条款名称相同。但是从内容上看，二者有重大差别，特别是"最惠国待遇"是一般义务，而"国民待遇"是具体承诺。也就是说，对所有成员的服务应当一视同仁，但是对于内外服务却可以差别对待。实践中，每个成员都有"具体承诺减让表"（schedules of specific commitments），显示出哪些服务不提供国民待遇。

延伸阅读：

1. Services: rules for growth and investment,https://www.wto.org/english/thewto_e/whatis_e/tif_e/agrm6_e.htm.

2. General Agreement on Trade in Services,https://www.wto.org/english/docs_e/legal_e/26-gats.pdf.

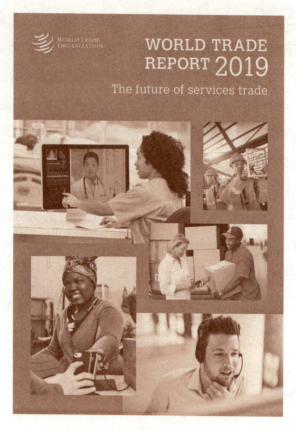

《世界贸易 2019 年报告——服务贸易的未来》

（图片来源：WTO 网站，www.wto.org）

五、
WTO 的主要内容之三：
知识产权

《与贸易有关的知识产权协定》（*Agreement on Trade-Related Aspects of Intellectual Property Rights*, TRIPS）篇幅很大，共 73 条，分为七个部分：第一部分 总则和基本原则；第二部分 关于知识产权效力、范围和适用标准：1. 版权和相关权利；2. 商标；3. 地理标志；4. 工业设计；5. 专利；6. 集成电路布图设计（拓扑图）；7. 对未披露信息的保护；8. 对协议许可中限制竞争行为的控制；第三部分 知识产权的实施：1. 一般义务；2. 民事和行政程序及救济；3. 临时措施；4. 与边境措施相关特殊要求；5. 刑事程序；第四部分 知识产权的取得和维持及当事人之间的相关程序；第五部分 争端的防止和解决；第六部分 过渡性安排；第七部分 机构安排，最后条款。

看了这个目录，我们可能有两个疑问。第一个疑问：什么是与贸易无关的知识产权？第二疑问：WTO 也管知识产权，是不是抢了世界知识产权组织（World Intellectual Property Organization, WIPO）饭碗？

对于第一个疑问，答案可能非常简单：没有。第二部分的内容，已经囊括了所有知识产权类型。换句话说，这就是一个纯粹的知识产权保护协定。对于第二个疑问，答案并不那么简单，二者应该是互补关系（mutually supportive relationship）（序言），因为 WIPO 主要是建立专利申请和商标注册的国际合作制度以及设立版权保护标准，而 WTO 则在专利和商标等方面设立了保护标准，同时在版权方面，不仅全盘吸纳了 WIPO 标准，而且增加了一些规定。当然，知识产权在传统上是 WIPO 地盘，人家1967年就成立了，有 193 个成员国。据说当年 GATT 要谈知识产权协定的时候，WIPO 很紧张，这可能也是这个协定前面要加上"与贸易有关的"原因！

　　　　　　　　　　　　中国"入世"简说

事实上，"与贸易有关的"一词所想表达的，是"知识产权也与贸易有关"。也就是说，第一个疑问本来不该存在。知识产权与贸易有关，这一点不难理解，最为典型的是仿造、假冒和盗版问题。使用他人专利，假冒著名商标，盗版印刷书籍，都会影响权利人的利益，而在国际贸易背景下，一国知识产权保护不力，就不利于另一国相关产品的出口。WTO不仅制定了全面标准，而且规定了有力措施（第二部分），要求各国建立有效的民事、行政、临时、边境和刑事保护制度。还有，WTO还将其传统的"最惠国待遇"和"国民待遇"等基本原则适用于知识产权保护，要求成员对他人一视同仁，对内外同等对待。当然，争端解决机制也全面适用，一成员可以起诉其他成员，认为其标准或保护不符合协定要求。

如此看来，该协定的有效实施，不仅有利于国际贸易环境的改善，而且有利于知识产权制度的完善，通过促进贸易提高了知识产权保护水平。

延伸阅读:

1. Intellectual property: protection and enforcement, https://www.wto.org/english/thewto_e/whatis_e/tif_e/agrm7_e.htm.

2. Agreement on Trade-Related Aspects of Intellectual Property Rights,https://www.wto.org/english/docs_e/legal_e/31bis_trips_e.pdf.

(图片来源: Antony Taubman, Hannu Wager and Jayashree Watal, A Handbook on the WTO TRIPS Agreement, Cambridge University Press in 2020)

六、
WTO 的主要内容之四：
争端解决

争端解决机制对于 WTO，就像法院对于一个社会，其作用不言而喻。WTO 制定了那么多规则，而如果成员之间发生争议，就需要有一套程序来解决。然而，相比于其他国际组织的相应机制，例如联合国国际法院，WTO 争端解决机制却呈现出明显的三大特点：强制性、可上诉、很活跃。

"强制性"是指"强制管辖权"和"强制执行力"，也就是只要起诉，WTO 就受理，并且在被诉方不执行裁决的情况下，WTO 可以授权胜诉方采取贸易报复措施，而不像国际法院那样，如果被诉方不同意，法院就不能受理，并且判决执行基本上靠被诉方自觉。"可上诉"是指 WTO 有上诉机构（Appellate Body），一方不服专家组（panel）裁决，可以提起上诉。这个上诉机制，可是人类社会有史以来第一个，也是唯一一个国家间争端的上诉机制啊！相比之下，国际法院只有"一审"。"很活跃"是指 WTO 案件很多，短短 25 年就受理了 600 多个案件，而国际法院自 1946 年成立以来，只受理了 100 多个案件。

如此将 WTO 与国际法院进行简单对比，一定容易引起争议，因为二者不一定具有可比性。例如，从"很活跃"的角度看，可能由于二者受理案件范围不同，才会案件数量不同。国际法院多数是"政治性"案件，例如领土和边界纠纷，海事争端以及国家管辖权问题和外交和领事问题，甚至是非法使用武力问题。这类案件的数量，肯定不能与 WTO 受理的"贸易性"案件相提并论，因为国际贸易十分频繁，纠纷也相应很多。即使是"强制性"和"可上诉"，人们对于其必要性和适当性也有争议，不能据此说 WTO 就比国际法院强。然而，相比于国际法院，WTO显然更像"法院"，因为强制管辖和上诉机制是法院的基本特征。当然，相比于国内法院，WTO又逊色不少，特别是所谓"强制执行"，并非国内法中所指的国家强制力，法院可以查封和扣押财产。国际上没有一个超国家机构，也没有国际警察和国际监狱，因此国际组织不可能像国内法院那么厉害。有鉴于此，也许如此界定WTO比较合适：这是一个介于其他国际组织与国内法院之间的机构。相比于其他国际组织，WTO的"司法性"显然更强，但是WTO未必会最终走向国内法院的体制，因为国际法主要还是国家之间的协议，其效力主要靠协商和自愿，目前还很难想象近200多个国家会同意建立一个有权对自己实施强制力的超国家机构。

WTO争端解决程序大致可以分为四个步骤：磋商（consultations）（60天）、专家组审议（6个月）、上诉机构审议（90天）和执行。也就是说，如果一成员认为另一成员的某项措施不符合WTO规则，就可以要求磋商；磋商不成就可以要求WTO

设立专家组审查，而专家组经审查案件事实法律和两次开庭后，就可以做出裁决；一方不服裁决，可以提起上诉，而上诉机构经审查裁决中的法律问题和一次开庭后，做出最终裁决，随后就进入执行程序：败诉方如果不执行裁决且不提供补偿，则WTO可以授权胜诉方采取贸易报复措施，例如对败诉方产品加征关税。从以上这些步骤看，WTO也很像一个法院。

WTO争端解决机制成绩斐然，广受赞誉。然而，特朗普政府却从2017年开始对WTO上诉机构发难，最终通过不光彩的手段，使得该机构于2019年底停止运作。此事的恶劣影响，也令人深思，且听下文分解（参见"十、WTO上诉机构危机"）。

延伸阅读：

1. A unique contribution, https://www.wto.org/english/thewto_e/whatis_e/tif_e/disp1_e.htm.

2. Understanding on Rules and Procedures Governing

the Settlement of Disputes, https://www.wto.org/english/docs_e/legal_e/28-dsu.pdf.

3. Chronological list of disputes cases, https://www.wto.org/english/tratop_e/dispu_e/dispu_status_e.htm.

4. 国际法院在行动，https://www.un.org/chinese/law/icj/ch6.htm.

（图片来源：WTO 网站，www.wto.org）

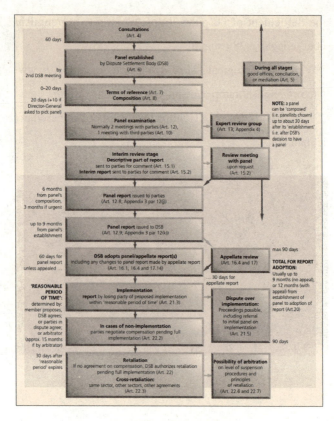

WTO 争端解决流程图

（图片来源：World Trade Organization, *Understanding the WTO*, 2010,
p. 59）

七、
WTO 的主要内容之五：
监督实施（通报与审议）

WTO 有这么多成员、这么多内容，国际贸易实践又日新月异，因此确保每个成员都认真遵守规则至关重要。在微观个案层面，如果出现不符合 WTO 规则的情况，可以在 WTO"起诉"，让 WTO 做出裁决并且纠正不适当做法（参见"六、WTO 的主要内容之四：争端解决"），而在宏观总体层面，WTO 则专门设计了"通报"（notification）和"审议"（review）机制，促进各成员贸易政策透明度。

关于通报，WTO 规定，贸易政策公开并向 WTO 通报，是一项普遍义务，为此 WTO 专门制定了通报程序（Decision on Notification Procedures）。WTO 秘书处设立通报登记中心（central registry of notification），负责接受通报，并且按照贸易政策之目的、所覆盖贸易范围和通报依据等进行归类整理。登记中心还会每年向成员告知其常规通报义务，提醒哪些内容尚未完成，并且应要求向其他成员提供相关信息。针对货物贸易，该程序还专门制作了一项清单，列举了关税、关税配额和附加税、数量限制等 20 项应予通报的内容。

关于审议，WTO 专门设立了"贸易政策审议机制"（Trade Policy Review Mechanism，TPRM）。按照贸易量大小，前 4 个、其后 16 个以及其他成员的审议周期分别为 2、4 和 6 年，但从 2019 年开始增加一年，即分别为每 3、5 和 7 年审议一次。例如，贸易量前 4 位的欧盟、美国、中国和日本，就是每 3 年审议一次。审议大致包括三个阶段：成员提交陈述，秘书处撰写报告，成员回答问题。具体而言，一般是被审议成员先按照模板所规定项目（经济政策、行业政策和贸易政策）提交一份完整汇报；秘书处在此基础上与该成员进行交流，包括

　　　　　　　　　　　中国"入世"简说

实地访谈，起草秘书处报告；该成员书面回复其他成员所提出的问题。以上汇报、报告和回复，都是公开资料，可以在 WTO 网站查阅。

可想而知，通报和审议增加了透明度，让WTO 成员之间相互了解最新发展，也让从事国际贸易的企业知道各地的大致情况。事实上，透明度是"阳光法案"，其本身就有促进规则遵守的作用。当然，明眼人可以发现，这些制度也可能存在问题，即没有奖惩机制。例如，通报是一项义务，但是如果该通报的没通报，WTO 也没有办法。有鉴于此，有些成员提出了改进通报制度的建议，包括设立惩罚制度，表现不佳的成员不得担任理事会和委员会的领导职务。

延伸阅读：

1. Trade policy reviews: ensuring transparency, https://www.wto.org/english/thewto_e/whatis_e/tif_e/agrm11_e.htm.

2. Trade Policy Review Mechanism, https://www.wto.org/english/docs_e/legal_e/29-tprm_e.htm.

3. Decision on Notification Procedures, https://www.

wto.org/english/docs_e/legal_e/33-dnotf.pdf.

4. Trade Policy Review: Kyrgyz Republic, https://www.wto.org/english/tratop_e/tpr_e/tp511_e.htm.

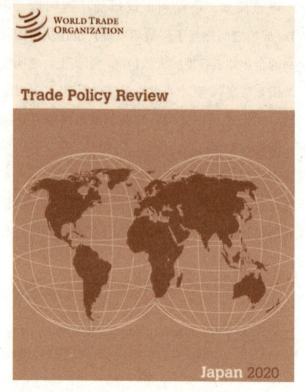

《WTO 2020 年日本贸易政策审议报告》
(图片来源：WTO 网站，www.wto.org)

八、
WTO 的成就与挑战

————

2015 年，WTO 出版了一本小册子：《WTO 二十周年：挑战与成就》（*The WTO at Twenty: Challenges and Achievements*），从 8 个方面介绍了 WTO 的成就：构建贸易组织，扩大 WTO，深化 WTO，改进透明度，从事争端解决，加强政策协调，增加对外联系。在"序言"中，WTO 总干事热情洋溢地介绍：20 年前，WTO 成立的时候，承载了一种期待，即成为开放、包容与合作的新型世界经济秩序的关键支柱，而现在的 WTO 没有辜负这种期待；1995 年以来，共有 33 个新成员，包括中国和俄罗斯这样的"巨人"加入 WTO，标志着几乎所有经济体都成为单一贸易体制的成员；国际规则而不是国际实力正在逐渐管理贸易关系，纠纷解决不是通过贸易战而是通过争端解决机制这个"全球贸易法院"；贸易壁垒继续减少，几乎一半贸易没有关税，经济体的联系空前密切；尽管"多哈发展议程"（Doha Development Agenda, DDA）进展不快，但是还是形成了一些新协定，包括海关改革\信息技术产品\政府采购\金融和电信服务等领域，以新方式在新行业提供了新机会，而仅2013年所达成的《贸易便利化协定》（Trade Facilitation Agreement, TFA）一项所预期降低的贸易成本，就将超过取消现存所有关税，而2015年《信息技术协定》（Information Technology Agreement, ITA）所承诺取消的高科技产品关税占全球贸易7%，超过了纺织品、服装和钢铁三者之和；与此同时，作为其161个成员政策对话、信息分享和经济合作的重要场所，WTO日益成为当今全球治理的关键支柱；更为重要的是，WTO促进了前所未有的全球增长和发展，使得发展中国家在全球商品贸易中的占比从27%增加到43%，在全球GDP中的占比从41%上升到 53%，而中国、印度和巴西等新兴经济体已经成为全球经济不可或缺的驱动器和国际经济制度的发声者。

名为"挑战与成就"，但是这本小册子没有重点谈挑战，只是一带而过地涉及"多哈发展议程"进展不快。"序言"最后三言两语地提到区域贸易协定发展，但是随即指出 WTO 应该成为全球贸易之强大而全面的基础。事实上，多哈回合谈判面临失败（参见"九、WTO 多哈回合谈判"），而 TPP 等区域贸易协定蓬勃兴起，是当时 WTO 所面临的两大挑战，只是这些挑战并没有影响"序言"所代表的 WTO 成员对于多边贸易体制的高度赞扬和满满信心。

然而，五年后，到了 2020 年，WTO 成立 25 周年的时候，WTO 总干事发言的重点，已经从"成就"偏向了"挑战"。在这份新年致辞中，他只是简单回顾了 WTO 的成就以及全球价值链的重要性，随后指出了三大挑战：中美贸易战（参见"十八、中美贸易战与 WTO"），"多哈发展议程"

失败（参见"九、WTO多哈回合谈判"），上诉机构危机（参见"十、WTO上诉机构危机"）。尽管他的用词比较委婉，但是明眼人都感到WTO到了生死存亡的关头。正在此时，前所未有的新冠肺炎疫情爆发，不仅对贸易规则提出挑战，甚至直接影响到WTO的正常工作，以至于第12届部长级会议都被迫宣布取消。更加令人意外的是，连总干事自己也在年中宣布辞职！有媒体干脆直接宣布："WTO已死，享年25岁！"

20周年，WTO热热闹闹，门庭若市，举办了多场庆祝活动。25周年，WTO冷冷清清，门可罗雀，几乎没有现场活动。难道WTO命运急转直下？难道WTO成就不复存在？难道WTO规则不再发挥作用？更加重要的是，作为"成员驱动"的组织（参见"一、WTO的成立与理念"），难道成员们不再需要WTO？那么成员们是否需要建立另外一个"更好"的多边贸易体制？

延伸阅读:

1. The WTO at 20-a message from DG Azevêdo, https://www.wto.org/english/news_e/news15_e/dgra_01jan15_e.htm.

2. The WTO at 25: A message from the Director-General, https://www.wto.org/english/news_e/news20_e/dgra_01jan20_e.htm.

3. 20 Years of the WTO: A Retrospective, https://www.wto.org/english/res_e/booksp_e/20years_wto_e.pdf.

4. The WTO at Twenty: Challenges and Achievements, https://www.wto.org/english/res_e/booksp_e/wto_at_twenty_e.pdf.

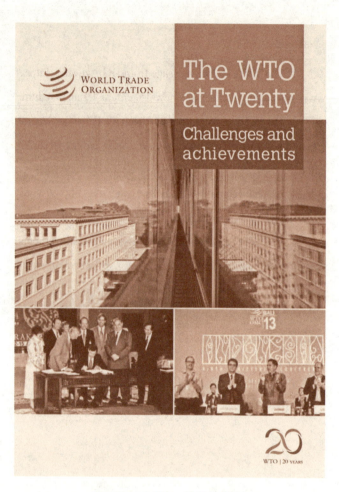

《WTO 二十周年：挑战与成就》

（图片来源：WTO 网站，www.wto.org）

中国"入世"简说

九、
WTO 多哈回合谈判

2001 年 11 月，第 4 届部长级会议在卡塔尔首都多哈召开，正式批准中国加入 WTO，同时宣布启动"多哈回合"（Doha Round）谈判，公布了谈判议题"多哈发展议程"（Doha Development Agenda, DDA）。这是一项雄心勃勃的谈判方案，内容包括 21 个方面：实施相关事项，农业，服务，非农产品市场准入，知识产权，贸易与投资，贸易与竞争政策，政府采购透明度，贸易便利化，反倾销和反补贴规则，区域贸易协定规则，争端解决机制，贸易与环境，电子商务，小企业，贸易、债务与金融，贸易与技术转让，技术合作与能力建设，最不发达国家，特殊与差别待遇。可以看出，如果

能够在这些方面加强和增加规则，那么WTO就可以升级成2.0版本了。

谈判预计4年完成，目标时间为2005年1月1日。谈判立即紧锣密鼓开展起来，但是很快就发现困难重重，成员们就很多议题都难以达成协议，日期一再延长，希望却越来越渺茫。到了2015年，谈判已经开始15年的时候，仅仅就《贸易便利化协定》等少数议题达成一致（参见"八、WTO的成就与挑战"）。这一年，在第10届部长级会议期间，虽然就农业和最不发达国家等几个议题形成了一些成果，但是也事实上宣布"多哈回合"谈判失败，从此"多哈发展议程"不再是WTO谈判目标。

关于谈判失败的原因，有很多种说法，例如内容太广，WTO成员"胃口"太大；议题太难，都是"深水区"；成员太多，不像几十个成员那样容易形成一致意见；机制僵化，所有事情都需要"协商一致"（参见"二、WTO的组织机构与运行模式"）。甚至有人认为部分成员自私自利，一味索取，也是谈判失败的重要原因。原因也许很复杂，并且历史本来就有偶然性，但是失败总是会给人留下很多思考，包括如何改善和前进。

谈判失败，不仅使得 WTO 规则没有全面提升，而且使得 WTO 信用受到严重打击，让人怀疑 WTO 能否继续担当大任。作为国际组织，WTO 的一项重要职能，就是促进成员谈判制定规则。事实上，从组织学的角度，"创新力"也是保持任何一个组织生命力的必要条件。有人将此比喻为"自行车现象"，即必须不断向前，否则就会倾倒。"多哈回合"谈判就是 WTO 不断向前的标志，尽管谈判失败，但是只有一个选择：吸取教训，东山再起。如何走出困境，谈什么，怎么谈，已经成为 WTO 成员的热议话题（参见"十一、WTO 改革"）。

延伸阅读:

1. World Trade Organization, *Understanding the WTO*, 2010, pp. 77-91.

2. The Doha Round,https://www.wto.org/english/tratop_e/dda_e/dda_e.htm.

3. The Doha Round Texts and Related Documents, https://www.wto.org/english/res_e/booksp_e/doha_round_texts_e.pdf.

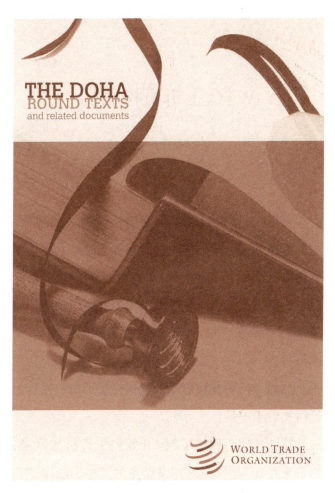

《多哈回合文本及其相关文件》

（图片来源：WTO 网站，www.wto.org）

十、
WTO 上诉机构危机

WTO 上诉机构是争端解决机制的组成部分，用于审理专家组裁决中的法律问题。这是人类社会有史以来第一个，也是唯一一个国家间争端的上诉机制，意义重大；20 多年做出了 100 多份裁决，成绩卓著（参见"六、WTO 的主要内容之四：争端解决"）。

然而，特朗普政府却通过不光彩手段，使得上诉机构毁于一旦！

从 2017 年开始，美国开始向上诉机构发难，指责它存在"越权裁判""遵循先例""事实法律""咨询意见""超期服役"和"超期审案"等问题，并且据此阻挠上诉机构成员遴选。根据争端解决程序，上诉机构成员共有 7 人，每人任期 4 年，可连任一次。因此，WTO 经常需要"辞旧迎新"，遴选新成员，而这个过程是遵循"协商一致"的决策传统。美国就是利用这个机会，从开始反对连任到后来反对遴选，使得上诉机构成员一个个减少。2019 年底，上诉机构由于不足 3 人（一个案件的法定人数）而停止运作。这种釜底抽薪的做法非常恶劣，在国际关系中十分罕见。

上诉机构受创，争端解决机制也受到结构性影响。尽管专家组程序仍在，但是败诉方可以通过提起"上诉"，使得专家组裁决不能生效。实践中已经有好几个如此"空诉"的案件，其中包括美国对中国产品加征关税而被判违反 WTO 规则的"美国关税措施案"（DS543）（参见"十八、中美贸易战与 WTO"）。

2020 年 8 月，欧盟和中国等 49 个成员设立了"多方临时上诉仲裁安排"（Multi-Party Interim Appeal Arbitration Arrangement, MPIA），用于审理彼此之间的上诉案件。这个临时机制的设立，不仅能够解决部分成员之间的燃眉之急，而且表明一些重要成员对于上诉机制的认可，认为过去上诉机构的成绩值得肯定，未来多边贸易体制也需要上诉机制。目前，上诉机构的命运，包括何时及如何恢复，仍然在很大程度上决定于美国的态度。"杀死"上诉机构，是破坏多边体制和违反国际规则的特朗普政府的典型表现，但是维护国际秩序和遵守国际规则却是拜登政府的明确表态。让我们拭目以待，看看美国现政府是否言行一致。

延伸阅读：

1. USTR Report on the Appellate Body of the World Trade Organization, https://ustr.gov/sites/default/files/Report_on_the_Appellate_Body_of_the_World_Trade_Organization.pdf.

2. Functioning of the Appellate Body (Draft Decision, WT/GC/W/791), https://docs.wto.org/dol2fe/Pages/SS/directdoc.aspx?filename=q:/WT/GC/W791.pdf&Open=True.

3. 杨国华：《丛林再现？——WTO 上诉机制的兴衰》，人民出版社 2020 年版。

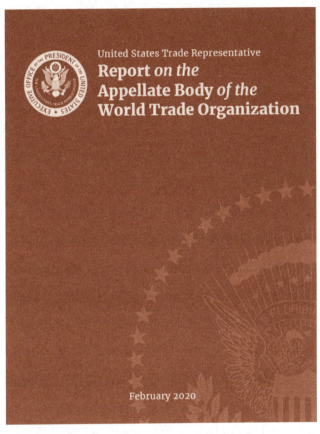

美国贸易代表办公室《世界贸易组织上诉机构报告》
（2020 年 2 月）

（图片来源：美国贸易代表办公室网站，https://ustr.gov）

十一、
WTO 改革

————

　　"WTO 改革"第一次出现在官方文件中，是 2018 年底 G20 领导人宣言，即"支持 WTO 进行必要改革以改善其功能"（support the necessary reform of the WTO to improve its functioning）。目前，已经有一些成员正式提出改革方案，其中以欧盟方案最为全面。

　　欧盟方案，即《欧盟关于 WTO 现代化的建议》（*EU's proposals on WTO modernisation*），就规则制定（rulemaking）、常规工作与透明度（regular work and transparency）以及争端解决提出了建议。

　　一、规则制定。分为实体和程序两个部分。实体部分是 WTO 应该制定的新规则，分为平衡制度和创造公平竞争机会、消除服务和投资障碍、实现全球共同体可持续发展目标等三个方面，其中特别提到透明度及补贴通报、国有企业和扰乱贸易的补贴等问题应该制定或强化纪律；投资规则需要更新；迫切需要将WTO议程贴近民众，使得贸易对全球共同体所要实现的目标更为广泛，特别是可持续发展。在程序部分，建议采取"灵活的多边主义"（flexible multilateralism），即对于没有达成完全多边共识的事项，有关成员可以先行达成协议并且在最惠国待遇基础上向所有其他成员开放。除了实体和程序两个部分，还专门讨论了发展中国家问题，认为在发展中国家可以享受特殊与差别待遇（special and differential treatment）的背景下，标准的模糊及其后果在WTO中引发了紧张关系，影响了谈判进程，为此提出了解决方案。

二、常规工作与透明度。常规工作是指WTO各种理事会和委员会的工作，在透明度和通报、解决市场准入问题、逐渐调整WTO规则以及压缩无效委员会等方面提出了建议。

三、争端解决。应该对争端解决程序进行一些修改，回应一些成员所提出的批评（参见"十、WTO 上诉机构危机"），但是同时必须保证上诉机构成员的独立性。

如果欧盟方案得到实施，WTO 一定能够获得新生。然而，"如果"这个前提，却是一个大问题，因为 WTO 成员能否认同这个方案，就是一个未知数。2018 年欧盟方案提出后，WTO 甚至没有正式开会讨论过。也就是说，看上去面面俱到的方案，却仿佛打了水漂。这又是为什么呢？WTO 快要不行了，难道成员们不着急吗？如果着急，难道不应该赶紧想办法吗？

从历史经验看，GATT/WTO 谈判的发动和推进，实际上都由欧美两大巨头领导。这也符合一般道理，凡事总要有人牵头。然而，WTO 成立以后，欧美"独霸天下"的局面不复存在，而是呈现出"多极化"状态，成员们形成一致意见不太容易。加上过去几年特朗普政府对 WTO 的做法，更是给人以群龙无首、一盘散沙的感觉。换句话说，WTO 危机"大敌当前",却没有具有领导力的成员勇于担当、挺身而出。WTO 陷入困境,但是成员们却无所作为,这样的状况令人失望,也引人深思。

延伸阅读:

1. EU's proposals on WTO modernization, https://trade.ec.europa.eu/doclib/docs/2018/september/tradoc_157331.pdf.

2. Reforming the WTO, https://trade.ec.europa.eu/doclib/docs/2021/april/tradoc_159544.1329_EN_02.pdf.

欧盟《改革 WTO：向可持续且有效的多边贸易体制迈进》

（图片来源：欧委会网站，https://trade.ec.europa.eu）

十二、
WTO 与区域贸易安排

WTO 所建立的是"多边贸易体制"（multilateral trade system），成员多达 164 个，而相对应的是"区域贸易安排"（regional trade arrangements, RTA）。也就是说，WTO 成员之间，除了普遍适用的各项协议，还有部分成员之间签订的更为优惠的安排。据统计，目前共有 349 个 RTA 正在运行。

WTO 的一项基本原则是"最惠国待遇"，即对所有成员一视同仁，因此从表面上看，RTA 不符合这项原则。但是早在 1947 年成立之初，GATT 就对此做出了规定，允许成员签订"关税同盟"（customs union）和"自由贸易区"（free trade area, FTA）（第 24 条），相互给予更加优惠的待遇。尽管该条款为RTA规定了一些条件，例如覆盖所有贸易而不只针对部分产品，并且不得对其他成员形成贸易障碍，但是还没有出现某个RTA受到质疑的情况，而WTO专门成立的"区域贸易协定委员会"（Committee on Regional Trade Agreements），也只是负责通报等一般事项，不会实质审查RTA是否"违法"。从RTA数量可以看出，几乎所有成员之间都有某种RTA，因此大家睁一只眼闭一只眼，不会相互指责！

尽管从历史角度看，RTA先于WTO而存在，然而WTO成立后，二者关系就变得微妙起来，从而出现了"绊脚石"和"垫脚石"之争。前者是说RTA不仅抢了WTO饭碗，而且使得贸易体制"碎片化"。后者却说RTA有利于WTO发展，区域形成的规则可以逐步多边化。在当前WTO危机的情况下（参见"八、WTO的成就与挑战"），似乎"绊脚石"现象更加明显，因为多边谈判裹足不前，区域协定遍地开花，呈现此消彼长的态势。

也许从短期和长期的角度，能够更好理解二者关系。从短期看，少数成员之间能够以"短平快"方式达成协议，尽快满足国际经济发展的需要。但是从长期看，所有成员之间一视同仁，显然能够实现效益最大化。WTO 的正确心态，也许应该是致力于寻找众多 RTA 的"公约数"，形成多边规则，而不是另起炉灶，进行单独谈判。此处应当指出的是，RTA 和 WTO 的成员是共同的，并不存在 RTA 和 WTO 的竞争问题。各成员在签订各种各样 RTA 的时候，应该放眼长远，随时想着规则多边化。多边化会水到渠成，但也事在人为。

延伸阅读：

Regional trade agreements, https://www.wto.org/english/tratop_e/region_e/region_e.htm.

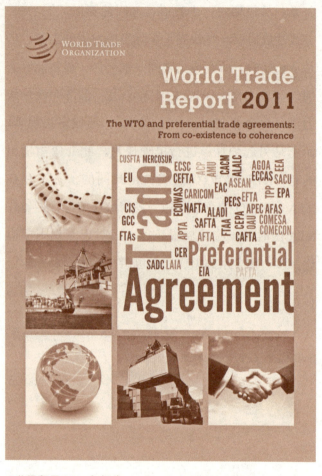

《世界贸易 2011 年报告——WTO 与优惠贸易协定：从共存到协调》

（图片来源：WTO 网站，www.wto.org）

下编

中国与 WTO

十三、
中国加入 WTO 谈判的历程

　　回顾中国与 GATT/WTO 的关系，是在阅读历史，一部中国近现代史、改革开放史和中美关系史。20 世纪 40 年代，中国是 GATT 创始缔约方；50 年代，中国退出 GATT；60 年代，中国与GATT 断绝往来；70 年代，中国与 GATT 恢复接触；80 年代，中国申请"复关"（"恢复关贸总协定缔约国地位"）；90 年代，中国申请"入世"（"加入世界贸易组织"）；进入 21 世纪，中国正式成为WTO 成员。从 1947 年 GATT 成立到 2001 年中国加入 WTO，54 年，一路坎坷，成为中国近现代史的重要组成部分。更加重要的是，"复关"和"入世"是 70 年代开始的"改革开放"进程中一道亮丽的风景线，与对外开放和对内改革同步；从"商品经济"（1988 年提出"有计划的商品经济体制"）到"市场经济"（1992 年提出"社会主义市场经济"），从"治理整顿"（1989 年开始"进一步治理整顿和深化改革"）到"政治风波"（1989 年"政治风波"），都直接从积极和消极方面影响了谈判进程。此外，我们还能看到，加入 WTO 谈判，最为核心的是与美国的双边谈判，因此成为中美关系的"晴雨表"，而中美关系中的重大事件，例如"美国炸馆"（1999年以美国为首的北约轰炸中国驻南斯拉夫联盟共和国大使馆）和"南海撞机"（2001 年美国战机在中国南海空域挑衅，发生了撞机事件），也是加入 WTO 中的关键节点。

回顾中国与 GATT/WTO 的关系，也是在思考历史，印证一种历史观，即历史趋势的必然性和历史事件的偶然性。中国加入 WTO 应该是必然的，因为中国需要 WTO，而 WTO 也需要中国；现在 WTO 成员之间的贸易量已经占世界贸易总量 98% 以上，主要国家都是 WTO 成员，难以想象中国当时还不是成员。然而，2001年中国"入世"，却是偶然的。"入世"最为关键的一步，是1999年11月15日中美达成协议，但是从谈判历史看，那天的谈判命悬一线，随时可能破裂。如果那天没有谈成，中国"入世"的时间表肯定会向后推延。

在历史偶然性中，历史人物的作用非常明显。中国"入世"，主要由中美两国领导人推动。在中国方面，江泽民同志和朱镕基同志态度明确，认为加入WTO对于改善中美关系和融入世界经济大有裨益，对于推动改革开放（引入国际竞争和"倒逼"国内改革）也有所帮助；而在美国方面，克林顿也态度明确，认为"入世"有利于进入中国市场和推动中国进步（市场经济、法治等）。从谈判历史看，两国领导人不仅积极推动谈判，甚至亲自坐镇指挥，最为典型的就是1999年11月15日上午9时50分，朱镕基同志来到对外贸易经济合作部，与美国代表巴尔舍夫斯基(Barshefsky)"讨价还价"，一锤定音，挽救了一场眼看就要失败的谈判！我们在对这些历史人物表示钦佩的同时，也是在认同一种历史观，即"英雄造时势"。

延伸阅读：

一、江泽民："在激烈的国际竞争中掌握主动"（2002年2月25日在"省部级主要领导干部国际形势与世界贸易组织专题研究班"的讲话），载《江泽民文选》第三卷，人民出版社2006年版，第442—460页。

二、朱镕基："充分利用加入世界贸易组织的机遇发展自己"（2002年2月24日在"省部级主要领导干部国际形势与世界贸易组织专题研究班"的讲话），载《朱镕基讲话实录》第四卷，人民出版社2011年版，第312—323页。

三、朱镕基："会见美国贸易代表巴尔舍夫斯基等时的谈话"（1999年11月13日、15日），载《朱镕基讲话实录》第三卷，人民出版社2011年版，第352—374页。

四、张向晨、索必成：《中国加入世界贸易组织谈判历程》，人民出版社2011年版。

五、Bill Clinton, *My life*, Alfred A. Knopf, 2004, p.538.

六、*Clinton Letter to Congress on Permanent Normal Trade Relations with China*, https://china.usc.edu/bill-clinton- % E2 % 80 % 9Cletter-congress-advocating-grantingchina-permanent-normal-trade-relations % E2 % 80 % 9D-march-8.

七、*Clinton Speech on Permanent Normal Trade Relations with China*, https://www.iatp.org/sites/default/files/Full_Text_of_Clintons_Speech_on_China_Trade_Bi.htm.

八、Paul Bluestein, *Schism: China, America and the Fracturing of the Global Trading System*, Center for International Governance Innovation, 2019.

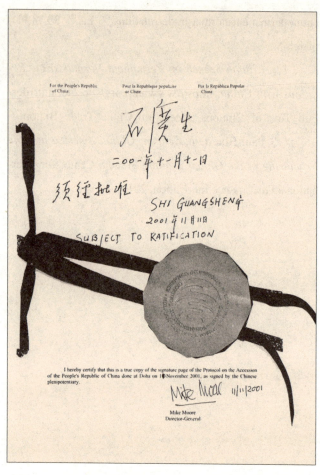

《中华人民共和国加入议定书》签字页

（图片来源：张向晨、索必成：《中国加入世界贸易组织谈判历程》，人民出版社 2011 年版，第 539 页）

　　　　　　　　　　　　中国"入世"简说

十四、
中国加入 WTO 的承诺

———

中国加入 WTO 的承诺，体现为两个文件：《中华人民共和国加入议定书》（*Protocol of the Accession of the People's Republic of China*, 以下简称《议定书》）及其附件和《中国加入工作组报告书》（*Report of the Working Party on the Accession of China*, 以下简称《报告书》），二者相加共 847 页。仅仅从数量就可以看出，中国加入 WTO，并非签署一页文件，声称遵守 WTO 所有义务那么简单。事实上，中国加入 WTO，需要与 WTO 成员进行谈判，回应他们的要求。谈判在"双边"和"多边"两个层面进行，前者是与提出要求的 37 个成员一一进行谈判，而后者是在"中国加入工作组"

中与其他成员集体谈判，最后形成的文件就是《议定书》和《报告书》。上文（参见"十三、中国加入WTO谈判的历程"）说到谈判进行了15年，可见内容之复杂。

《议定书》分为两个部分：正文和附件。正文只有13页，却是一些制度性承诺，涉及贸易制度的实施（统一实施、特殊经济区、透明度和司法审查）、非歧视、特殊贸易安排、贸易权、国营贸易、非关税措施、进出口许可程序、价格控制、补贴、对进出口产品征收的税费、农业、技术性贸易壁垒、卫生与植物卫生措施、确定补贴和倾销时的价格可比性、特定产品过渡性保障机制、WTO成员的保留和过渡性审议机制等17个方面。相比之下，9个附件长达740页，其中货物贸易减让表575页，服务贸易减让表60页，详细记载了对应于正文的一些细节，例如国营贸易和指定经营产品目录、非关税措施取消时间表、实行价格控制的产品和服务、需逐步取消的补贴和实行出口税的产品等内容，以及每个产品的降税安排和每种服务的开放内容。对照 WTO 规则（参见"一、WTO 的成立与理念"），特别是货物贸易规则（参见"三、WTO 的主要内容之一：货物贸易"）可以发现，中国承诺有些与 WTO 规则相关，但是有些则超出了 WTO 规则。与 WTO 规则相关部分，并非简单重复，而是针对中国实际情况提出了具体落实的要求，而超出 WTO 规则部分，则更是提出了额外的要求。简而言之，中国承诺中，既有落实 WTO 规则的内容，也有超出 WTO 规则的内容。

《报告书》共87页343段，记载了"中国工作组"讨论的过程，有助于理解《议定书》中的承诺。从目录可以看出，讨论涉及的内容非常广泛：经济政策；政策制定和执行的框架；影响货物贸易、知识产权和服务贸易的政策以及其他问题（特殊贸易安排、透明度和政府采购）。对于这些内容，有些是做出了解释，有些则做出了承诺。《报告书》中的承诺，有些与《议定书》中的内容相关，有些则是单独的。也就是说，关于中国"入世"承诺，将《议定书》及其附件的全部内容加上《报告书》中的承诺部分加在一起才是完整的。

我们已经知道了 WTO 基本内容（参见本系列一至七），现在我们又看到了中国承诺的大致内容。中国加入 WTO，就是进入这样一个国际组织，遵守这些规则，做出这些承诺。然而，中国加入 WTO，为什么会有对"经济发展和社会进步产生重要而深远的影响"的神奇效果呢？（参见"一、WTO 的成立与理念"）这个效果好像并非来自外部，不是通过占便宜或受保护实现的。美国和欧盟等主要出口市场，"入世"前就是对中国开放的，因此"入世"没有使中国获得更多进入外国市场的机会。WTO 的政策监督和争端解决机制，只是一种保障机制；WTO 各成员是主动遵守规则，并非担心被审查或打官司，因此中国发展并不是因为受到了 WTO 多大保护。

既然排除了外部因素，那么只有转而寻找内部因素，即中国遵守规则和履行承诺。中国放开了贸易权，使得所有人都能做外贸，显然极大释放了进出口的能量。中国降低货物关税，开放服务市

　　　　　　中国"入世"简说

场，让外国优质产品和服务进入中国，显然极大地促进了市场竞争，提高了技术水平。这样，中国产品和服务质量越来越高，加上贸易政策统一实施、非歧视、透明度和减少政府干预等制度环境的改善，中国国内经济迅速发展，"中国制造"也越来越多地走向世界。至此，我们恍然大悟："经济发展和社会进步"，来自我们自己的改革开放，也就是开放市场，让人做生意。效果神奇，但是原因并不神秘。20世纪70年代，仅仅让农民搞"联产承包"，就让老百姓吃饱了肚子。80年代，仅仅让工人搞"乡镇企业"，就让老百姓享受了物美价廉的轻工产品（电视机和自行车等）。这些都是政府放松管制之后经济极大发展的例子。当然，与"联产承包"和"乡镇企业"等自主改革所不同的是，加入WTO，政府就承担了国际义务，只能向前，不能后退。对于从事国际业务的企业来说，国际规则不仅是一种制度保障，更是一种商业预期，让他们能够放心大胆地进行贸易和投资。换句话说，"经济发展和社会进步"来自我们自己的改革开放，但是加入 WTO 却是在为改革开放"保驾护航"。

延伸阅读:

一、《中国加入世界贸易组织法律文件》(中英文)(*Compilation of the Legal Instruments on China's Accession to the World Trade Organization*),法律出版社2002年版;http://www.law-lib.com/zdtj/wto/flwj/。

二、《中国与世界贸易组织》白皮书(2018 年 6 月),http://www.scio.gov.cn/zfbps/32832/Document/1632334/1632334.htm.

**PROTOCOL ON THE ACCESSION OF
THE PEOPLE'S REPUBLIC OF CHINA**

Preamble

The World Trade Organization ("WTO"), pursuant to the approval of the Ministerial Conference of the WTO accorded under Article XII of the Marrakesh Agreement Establishing the World Trade Organization ("WTO Agreement"), and the People's Republic of China ("China"),

Recalling that China was an original contracting party to the General Agreement on Tariffs and Trade 1947,

Taking note that China is a signatory to the Final Act Embodying the Results of the Uruguay Round of Multilateral Trade Negotiations,

Taking note of the Report of the Working Party on the Accession of China in document WT/ACC/CHN/49 ("Working Party Report"),

Having regard to the results of the negotiations concerning China's membership in the WTO,

Agree as follows:

《中华人民共和国加入议定书》

（图片来源：WTO 网站，www.wto.org）

**WORLD TRADE
ORGANIZATION**

RESTRICTED

WT/ACC/SPEC/CHN/1/Rev.8
31 July 2001

(01-3845)

Working Party on the
Accession of China

DRAFT REPORT OF THE WORKING PARTY

ON THE ACCESSION OF CHINA

Revision

《中国加入工作组报告书》

（图片来源：WTO 网站，www.wto.org）

十五、
中国对"入世"承诺的履行
（市场准入）

　　上文（参见"十四、中国加入 WTO 的承诺"）提到，中国"入世"承诺中，相当大的篇幅是货物贸易减让表（575 页）和服务贸易减让表（60 页），即降低货物关税和开放服务市场方面的内容。这被称为"市场准入"（market access）承诺。

　　例如，文末所附的部分汽车的关税减让表。税号 87032130 是"小轿车"，加入 WTO 时进口关税是 51％，承诺降低到 25％，时限为 2006 年 7 月 1 日，最初提出这个要求的成员是日本和美国。从这张表可以看出，中国"入世"两年半后，小轿车关税要降低一半。再如，文末所附的法律服务减让表。从这张表可以看出，外国律师事务所可以在北京和上海等 19 个城市设立代表处，数量不少于加入 WTO 之前的数量，但是"上述地域限制和数量限制将在中国加入 WTO 后一年内取消"。也就是说，从 2002 年 12 月 11 日起，外国律师事务所就可以在任何城市设立代表处。（但是律师事务所代表每年必须在华不少于 6 个月，并且不得雇佣中国国家注册律师。）

履行这些承诺，就是按照减让表降低关税和开放市场。加入 WTO 后，"中国全面履行加入世界贸易组织承诺，贸易和投资自由化便利化程度显著提高。我们不断扩大农业、制造业、服务业市场准入，不断降低进口产品关税税率，取消所有不符合世界贸易组织规则的进口配额、许可证等非关税措施，全面放开对外贸易经营权，大幅降低外资准入门槛。中国关税总水平由 15.3％降至 9.8％，达到并超过了世界贸易组织对发展中国家的要求。中国服务贸易开放部门达到 100 个，接近发达国家水平。"（参见胡锦涛：《在中国加入世界贸易组织 10

周年高层论坛上的讲话》)

　　神奇的是，加入 WTO 十年，"中国货物贸易额的全球排名由第六位上升到第二位，其中出口额跃居第一位，进口额累计达到 7.5 万亿美元；累计吸收外商直接投资 7595 亿美元，居发展中国家首位；对外直接投资年均增长 40%以上，2010 年达到 688 亿美元、居世界第五位。中国每年平均进口 7500 亿美元的商品，为贸易伙伴创造大量就业岗位和投资机会。在华外商投资企业累计汇出利润 2617 亿美元，年均增长 30%。"（参见胡锦涛：《在中国加入世界贸易组织 10 周年高层论坛上的讲话》）也就是说，降低关税和开放市场，在给外国带来好处的同时，也使得中国的出口和投资能力大为提高。刚刚加入 WTO 的时候有个流行的说法："狼来了！"意思是外国产品和服务会对国内产业造成巨大冲击。然而，事情发展的结果是，国内产业不是"绵羊"，没有被"狼"吃掉。恰恰相反，国内产业"与狼共舞"，不断壮大。当"出口额跃居第一位"的时候，我们又听到惊呼"狼来了"，只不过这次的"狼"是指中国产品！

中国经济腾飞得益于改革开放，而加入 WTO 只是改革开放的组成部分，很难从定量的角度算出"贡献率"，但是从定性的角度看，加入 WTO 的制度化和预见性效果（参见"十四、中国加入 WTO 的承诺"），有力地推动了改革开放，这一点应该是共识。

延伸阅读：

一、《中国加入世界贸易组织法律文件》（中英文）（*Compilation of the Legal Instruments on China's Accession to the World Trade Organization*），法律出版社2002年版；http://www.law-lib.com/zdtj/wto/flwj/.

二、胡锦涛：《在中国加入世界贸易组织 10 周年高层论坛上的讲话》，http://www.gov.cn/jrzg/2011-12/02/content_2008942.htm。

三、《中国的对外贸易》白皮书（2011 年 12 月），http://www.scio.gov.cn/zxbd/nd/2011/Document/1060046/1060046.htm。

HS	Description	Bound rate at date of accession	Final Bound rate	Implementation	Present concession established	INR	Concession first incorporated in a GATT Schedule	Earlier INRs	ODCs
	--Of a cylinder capacity exceeding 3,000 cc:								
87032430	---Saloon cars	61.7	25	1 July 2006		AU,JP,KR,US			0
87032440	---Cross-country cars (4WD)	61.7	25	1 July 2006		AU,JP,US			0
87032450	---Station wagons (with 9 seats or less)	61.7	25	1 July 2006		AU,JP,US			0
87032490	---Other	61.7	25	1 July 2006		AU,JP,US			0
	-Other vehicles, with compression-ignition internal combustion piston engine (diesel or semi-diesel):								
	--Of a cylinder capacity not exceeding 1,500 cc:								
87033130	---Saloon cars	51.9	25	1 July 2006		JP,US			0
87033140	---Cross-country cars (4WD)	51.9	25	1 July 2006		JP,KR,US			0
87033150	---Station wagons (with 9 seats or less)	51.9	25	1 July 2006		JP,KR,US			0
87033190	---Other	51.9	25	1 July 2006		JP,US			0
	--Of a cylinder capacity exceeding 1,500 cc but not exceeding 2,500 cc:								
87033230	---Saloon cars	51.9	* 25	1 July 2006		JP,KR,US			0
87033240	---Cross-country cars (4WD)	51.9	25	1 July 2006		JP,KR,US			0
87033250	---Station wagons (with 9 seats or less)	51.9	25	1 July 2006		JP,KR,US			0
87033290	---Other	51.9	25	1 July 2006		JP,US			0
	--Of a cylinder capacity exceeding 2,500 cc:								
87033330	---Saloon cars	61.7	25	1 July 2006		JP,KR,US			0
87033340	---Cross-country cars (4WD)	61.7	25	1 July 2006		JP,US			0
87033350	---Station wagons (with 9 seats or less)	61.7	25	1 July 2006		JP,US			0
87033300	---Other	61.7	25	1 July 2006		JP,US			0
87039000	-Other	61.7	25	1 July 2006		JP,KR,US			0
8704	Motor vehicles for the transport of goods:								
	-Dumpers designed for off-highway use:								
87041030	---Electromobile dumpers for the transport of goods	11.4	6	2004		JP,US			0
87041090	---Other, with compression-ignition internal combustion piston engine (diesel or semi-diesel):	11.4	6	2004		JP,US			0
87042100	--Gvw not exceeding 5 tones	40	25	2005		JP,KR,US			0
	--Gvw exceeding 5 tones but not exceeding 20 tones:								

部分汽车的关税减让表

（图片来源：WTO 网站，www.wto.org）

Modes of supply: (1) Cross-border supply (2) Consumption abroad (3) Commercial presence (4) Presence of natural persons

Sector or sub-sector	Limitations on market access	Limitation on national treatment	Additional commitments
II. SPECIFIC COMMITMENTS			
A. Professional Services	(1) None (2) None	(1) None (2) None	
a. Legal Services (CPC 861, excluding Chinese law practice)	(3) Foreign law firms can provide legal services only in the form of representative offices in Beijing, Shanghai, Guangzhou, Shenzhen, Haikou, Dalian, Qingdao, Ningbo, Yantai, Tianjin, Suzhou, Xiamen, Zhuhai, Hangzhou, Fuzhou, Wuhan, Chengdu, Shenyang and Kunming only. Representative offices can engage in profit-making activities. Representative offices in China shall be no less than the number established upon the date of accession. A foreign law firm can only establish one representative office in China. The above-mentioned geographic and quantitative limitations will be eliminated within one year after China's accession to the WTO.	(3) All representatives shall be resident in China no less than six months each year. The representative office shall not employ Chinese national registered lawyers outside of China.	

法律服务减让表

（图片来源：WTO 网站，www.wto.org）

中国"入世"简说

十六、
中国对"入世"承诺的履行
（法律法规）

上文［参见"十五、中国对'入世'承诺的履行（市场准入）"］所援引的胡锦涛：《在中国加入世界贸易组织 10 周年高层论坛上的讲话》，在论证"中国全面履行加入世界贸易组织承诺"的时候还提到："我们大规模开展法律法规清理修订工作，中央政府共清理法律法规和部门规章 2300 多件，地方政府共清理地方性政策和法规 19 万多件。"这是怎么回事？

从此前的介绍（参见"十四、中国加入 WTO 的承诺"），我们已经知道，"入世"承诺大致分为两个部分：一个是"市场准入"，另一个是"制度改变"。"制度改变"的典型例子是外贸和外资管理制度。在外贸方面，中国承诺："逐步放宽贸易权的获得及其范围，以便在加入后3年内，使所有在中国的企业均有权在中国……从事所有货物的贸易……"也就是说，从2004年底开始，所有企业都可以从事进出口业务。但是当时的《对外贸易法》规定，"对外贸易经营"须"经国务院对外经济贸易主管部门许可"，即实行外贸经营权许可制。实际做法是，只有经过外经贸部批准的企业才能做外贸。因此，为了履行承诺，该法必须修改，最终从许可制改为"备案登记制"。在外资方面，WTO《与贸易有关的投资措施协定》规定，禁止要求外资企业维持"当地含量"、"贸易平衡"和"外汇平衡"，而当时的"外资三法"，即《中外合资经营企业法》、《中外合作企业法》和《外资企业法》恰恰有这方面的明文要求。因此，为了履行承诺，"外资三法"取消了这些方面的强制要求。

　　以上只是法律法规不符合"入世"承诺而得到修改的典型例子。但是法律法规修改并非如此简单。外贸法律制度，在中央由全国人大法律、国务院法规、各部门规章和文件组成，而在地方则由地方法规和文件组成，数量巨大。为了"修改"，首先需要"清理"，弄清楚哪些是现行有效的。中央和地方现行有效的法律文件，需要专门"清理"后才能知道，这看上去有点不可理解，但实际上却是真实情况，因为改革开放以后，外贸发展很快，各种规定层出不穷，甚至有大量内部文件，哪些有效，哪些失效，真的心里没底。清理和修改的结果是："国务院近30个部门共清理各种法律法规和部门规章2300多件；通过全国人大及其常委会制定修改的法律14件，国务院制定修改行政法规38件、废止12件，国务院有关部门制定修改及废止部门规章等1000多件；各地共清理19万多件地方性法规、地方政府规章和其他政策措施，并根据要求分别进行修改和废止处理。"（参见"关于我国加入世贸组织以来有关情况的报告"）

　　法律法规的清理和修改，是中国主动履行承诺的典范。虽然做出了众多承诺，但是中国完全可以只是修改一些显而易见的规定，例如上述外贸法和"外资三法"中的内容，而不是开展大规模的"清理"活动。至于可能存在的不符合承诺的做法，等到其他 WTO 成员指出来再改也不迟。然而，清理和修改法律法规，不仅表明中国认真履行承诺，而且使得"中国对外开放政策的稳定性、透明度、可预见性不断提高。"（参见胡锦涛：《在中国加入世界贸易组织 10 周年高层论坛上的讲话》）当时有位美国专家（John Jackson）曾惊叹此事前无古人，没有一个 WTO 成员这么干，而一本杂志封面文章则直接将此称为"中国变法"（《财经》2001 年 11 月）。

延伸阅读：

一、"关于我国加入世贸组织以来有关情况的报告"（2003 年 12 月 25 日），http://www.npc.gov.cn/wxzl/wxzl/2004-02/12/content_327956.htm。

二、《中国变法》，《财经》2001 年 11 月。

三、杨国华：《条约必须遵守——作为 WTO 成员的中国实践》，《行政管理改革》2021 年 7 月。

2001 年 11 月 5 日出版的《财经》周刊

十七、
中国参与争端解决案件

　　在"国际法庭""打官司",中国在 WTO 是第一遭。国家之间有了争端,通过"诉讼"手段和平解决,听上去不错(参见"六、WTO 的主要内容之四:争端解决"),但是做起来却没那么简单。毕竟是国家之间的事情,事关"国家利益",输了怎么办?然而,时至今日,中国已经在 WTO 经历了 69 个案件,其中原告 22 个,被告 47 个(涉及 33 项措施),有输有赢,习以为常。

　　回顾中国援用 WTO 争端解决机制的过程,大致可以用"幸运"和"担当"两个词概括。

　　"幸运",是指中国加入 WTO 刚刚三个月,就遇到了"美国钢铁保障措施案"(US-Steel Safeguards, DS252)。2002年3月，美国开始限制钢铁进口，欧共体、日本、韩国、中国、瑞士、挪威、新西兰和巴西将美国告上WTO。不到两年，WTO做出最终裁决，认定美国措施不符合WTO规则，美国随即撤销了这些措施。首战告捷，中国尝到了WTO争端解决机制的甜头。看来这套机制真的管用啊！如果第一个案件是被告，中国可能就不会有如此"好感"，进而可能会影响到随后对于争端解决机制的使用。

"担当"，是指在随后的工作中，中国快速建立诉讼机制，每个案件由商务部、有关部委、企业和中外律师"四位一体"组成诉讼团队；灵活应对被诉案件，根据情况通过磋商、专家组或上诉机构途径解决；认真执行败诉裁决，包括敏感案件，例如"出版物和音像制品案"（DS363，涉及"文化产品"）和"稀土案"（DS431/432/433，涉及"战略资源"）；精挑细选起诉案件，在"美国反倾销和反补贴案"（DS379）和"欧共体紧固件案"（DS397）等案件中获得体制性胜利。可想而知，这个过程并不容易，需要大量的创新，让每个案件都得到适当处理；更需要坚定的信念，相信争端解决机制是和平解决国际争端的手段，是实现"国际法治"的路径。

中国参与 WTO 争端解决的实践证明，完整的国际贸易规则加上有效的争端解决程序，能够维护正常的国际经贸关系。换句话说，如果没有 WTO，过去 20 年，中国与外国可能会发生更多的贸易摩擦，从而对于国际经济秩序和中国经济发展都造成不利影响。中国作为 WTO 成员，起诉、应诉和执行裁决，表明了对于 WTO 多边贸易体制的信任，对于"国际法治"的信仰。事实证明，这种信任和信仰是正确的。

延伸阅读：

一、Disputes by member, https://www.wto.org/english/tratop_e/dispu_e/dispu_by_country_e.htm.

二、杨国华、史晓丽主编：《我们在 WTO 打官司：参加 WTO 听证会随笔集》，知识产权出版社 2015 年版。

（图片来源：World Trade Organization: *Understanding the WTO*, 2010, p. 54, 图四左为本书作者）

十八、
中美贸易战与 WTO

从 20 年前中国加入 WTO 开始，美国贸易代表办公室每年向国会提交一份《中国 WTO 报告》（*Report to Congress On China's WTO Compliance*）。这份年度报告会对过去一年中国履行 WTO 承诺的情况进行评估，当然一直有很多"关注"和批评，认为中国做得不好。然而，到了 2017 年特朗普上台，这份报告一语惊人：美国支持中国加入 WTO 是错误的！

这份报告提出的理由是：中国"入世"的时候，美国的政策制定者期待中国"入世"议定书中的条款能够消除现有的国家主导的政策和做法，因为这些政策和做法不符合以开放和市场导向为基础以及根植于非歧视、市场准入、对等、公平和透明等原则的国际贸易体制；然而，这些期待落空了，中国仍然是一个政府主导的经济体，美国及其他贸易伙伴遇到了严重问题；有鉴于此，美国支持中国"入世"的、被证明无效的条款显然是错误的。不仅如此，这份报告还提出，WTO规则现在显然已经不足以限制中国扰乱市场的行为，因此美国将采取单方面措施。这份报告预告了中美贸易战，即在2018—2019期间，美国悍然对价值3700亿美元中国产品加征关税，而中国奋起反击，也对美国价值1100亿美元产品加征关税。

本系列曾经提到，当年美国支持中国"入世"，是因为"入世"有利于进入中国市场和推动中国进步（市场经济、法治等）（参见"十三、中国加入WTO谈判的历程"）。也就是说，中国"入世"符合美国的经济利益和政治理念。中国降低货物关税和开放服务市场，主要受益者是美国企业，因此在经济利益方面无话可说。至于政治理念方面没有实现美国预期，甚至反过来对美国经济利益构成了威胁，则是见仁见智的判断了。说中国应该按照美国的预期发展，这是一种"美国预期"视角，但是另外一个视角，却是"历史假设"的视角，即假设中国没有加入WTO，情况会比现在更好吗？美国的经济利益和政治理念能够更好实现吗？更加直接地说：如果加入比不加入好，那么怎么能说加入是错误的呢？

退一步说，如果支持中国加入WTO是错误的，那么发动贸易战，悍然违反WTO规则，就是解决问题的办法吗？美国加征关税，显然违反GATT第1条（最惠国待遇）和第2条（关税约束），这一点已经得到中国起诉的"美国关税措施案"（DS543）专家组确认。中国奋起反击，可以找到国际法依据（例如"重大违约"和"危急情况"等例外情形），属于情有可原。简而言之，美国悍然挑起中美贸易战是对WTO规则的破坏，前所未有，贻害无穷。

延伸阅读：

一、"2017 Report to Congress On China's WTO Compliance"，https://ustr.gov/sites/default/files/files/Press/Reports/China% 202017% 20WTO% 20Report.pdf.

二、杨国华：《中国贸易反制的国际法依据》，《经贸法律评论》2019 年 1 月。

WORLD TRADE ORGANIZATION	**WT/DS543/R**
	15 September 2020
(20-6169)	Page: 1/66
	Original: English

UNITED STATES – TARIFF MEASURES ON CERTAIN GOODS FROM CHINA

REPORT OF THE PANEL

"美国——对中国某些货物的关税措施案"专家组报告
（DS543）

（图片来源：WTO 网站，www.wto.org）

十九、
CPTPP 与 WTO

在 WTO 谈判裹足不前的时候，区域贸易安排却蓬勃兴起（参见"十二、WTO 与区域贸易安排"），其中最为典型的是 CPTPP。

CPTPP 是《全面与进步跨太平洋伙伴关系协定 》（*Comprehensive and Progressive Trans-Pacific Partnership*），其前身是 TPP[《跨太平洋伙伴关系协定》（*Trans-Pacific Partnership*）]。2015 年年底，澳大利亚、文莱、加拿大、智利、日本、马来西亚、墨西哥、新西兰、秘鲁、新加坡、美国和越南等 12 个国家达成了 TPP，被称为"21 世纪的贸易协议"。2017 年初特朗普政府上台，宣布退出 TPP，但是其余 11 个国家继续推进，前面加了

"CP"，强调了其中的劳工和环境等内容。

这是当今世界最具"先进性"和"代表性"的经济贸易协议。"先进性"，是因为它反映了国际经济发展的最新趋势，在竞争政策、环境劳工和电子商务等方面制定了规则。不仅如此，它还实现了贸易和投资规则的有机融合。相比于25年前制定的WTO规则，CPTPP更与时俱进、全面综合。"代表性"，是因为其成员在文化背景、发展水平和经济规模，甚至社会制度等方面，能够代表世界的多样性。目前，英国已经申请加入，而2020年底，中国也宣布"积极考虑加入"，并于2021年9月16日正式申请加入。

因此，在规则"先进性"和成员"代表性"方面，该协定具备了新时代多边规则的基础。也就是说，新一代多边规则，有可能就是CPTPP这个样子。比较理想的发展，是以此为蓝本，对WTO规则进行更新换代。具体而言，WTO成员可以将CPTPP文本作为蓝本进行谈判，在此基础上形成"WTO 2.0"。看上去这是异想天开的安排，但是如果有人牵头推动，并非不可行。

延伸阅读：

1.CPTPP 文本（中英文对照），http://www.mofcom.gov.cn/article/jiguanzx/202101/20210103030014.shtml。

2. 杨国华等编著：《跨太平洋伙伴关系协定规则研究》，上海人民出版社 2020 年版。

首页 > 新闻发布

来源：商务部新闻办公室　　2021-09-16 22:00

中方正式提出申请加入《全面与进步跨太平洋伙伴关系协定》（CPTPP）

（图片来源：商务部网站，www.mofcom.gov.cn）

二十、
WTO 成员的主管部门及
研究机构

————————

事情都是人做出来的。从事 WTO 的人，以位于日内瓦的 WTO 秘书处为圆心，向外还有各成员常驻 WTO 代表团的外交官，而他们则听命于各自首都的主管部门官员。这些主管部门，一般是中央政府负责外交外贸的部门。例如，在美国是"贸易代表办公室"（Office of the United States Trade Representative），在欧盟是"欧盟委员会贸易总司"（DG Trade, European Commission）。也就是说，这些部门都有一些人从事 WTO 相关工作。但是似乎只有中国商务部专门设有"世界贸易组织司"，有几十人专职从事货物贸易、服务贸易、农业、综合议题、技术性贸易措施、通报与审议处、政策咨询与技术援助等工作。此外，条约法律司也有专门两个"世贸组织法律处"近十人负责 WTO 争端解决事务。

除了以上官方部门，还有一些研究机构偏重于 WTO 研究，比较著名的是位于华盛顿的彼得森国际经济研究所（Peterson Institute for International Economics）。然而，似乎也只有中国才有专门冠以WTO 的研究机构，例如"中国世界贸易组织研究会"和"上海 WTO 事务咨询中心"两个专门研究机构，以及"中国法学会世界贸易组织法研究会"。此外，还有一些大学偏重于 WTO 研究，例如日内瓦高等研究院（Graduate Institute Geneva; Graduate Institute of International and Development Studies），伯尔尼大学世界贸易研究院（World Trade Institute, University of Bern），华盛顿乔治城大学法学院（Georgetown University Law Center），以及中国的对外经济贸易大学中国世界贸易组织研究院，上海对外经贸大学贸易谈判学院和世界贸易组织讲

中国"入世"简说

席（中国）研究院。大学教师是 WTO 研究的骨干力量，名家辈出，但是仍然以中国为最多，人数近百。

由此看来，从政府到民间，有些人是专门吃 WTO 这碗饭的！他们都是"利害关系人"，WTO 欣欣向荣是利益所在。于是，我们经常看到这些人殚精竭虑，大声疾呼。幸也罢，不幸也罢，20 年来本人一直与 WTO 相伴，本书表达了一种心声，也是一点努力。在"序言"中，我说 WTO 的未来事关本人"饭碗"。看完这 20 篇文章讲，不管各位怎么想，但是有一点应该是肯定的：给学生讲 WTO，有的是内容。除了 WTO 所构建且仍在运转的多边贸易体制，还有不断出现的挑战和日新月异的发展。WTO 课程，在知识层面有充足的专业知识，而在思想层面更需要随着国际经济不断发展，思考国际贸易规则的构建；在学习的同时，还需要创新。这样的课程和研究，深不可测，其乐无穷。

延伸阅读：

1. Office of the United States Trade Representative, https://ustr.gov/.

2. European Commission, https://ec.europa.eu/trade/.

3. 商务部世界贸易组织司，http://sms.mofcom.gov.cn/article/gywm/201506/20150601020420.shtml.

4. 商务部条约法律司，http://tfs.mofcom.gov.cn/article/gywm/201807/20180702770883.shtml.

5. Peterson Institute for International Economics，https://www.piie.com/.

6. 中国世界贸易组织研究会，http://www.cwto.org.cn/

7. 上海 WTO 事务咨询中心，http://www.sccwto.org/.

8. 中国法学会世界贸易组织法研究会，http://www.wtolaw.org.cn/.

9. Graduate Institute of International and Development Studies,https://www.graduateinstitute.ch/.

10. Graduate Institute of International and Development Studies,https://www.graduateinstitute.ch/.

11. World Trade Institute, https://www.wti.org/.

12. Georgetown University Law Center,https://curriculum.law.georgetown.edu/llm/llm-certificate-programs/llm-

wto-studies-certificate/.

13. 对外经贸大学中国世界贸易组织研究院，http://ciwto.uibe.edu.cn/.

14. 上海对外经贸大学贸易谈判学院和世界贸易组织讲席（中国）研究院，http://zhaosheng.suibe.edu.cn/mytpxy/list.htm.

（图片来源：商务部网站，www.mofcom.gov.cn）

中国入世
史海钩沉

引 言

中国加入 WTO，从 1986 年申请"复关"（"恢复关贸总协定缔约国地位"）到 2001 年正式"入世"（"加入世界贸易组织"），经历了 15 年，其间中国经济政策发生重大变化，开始从计划经济向市场经济转型，而中国与其他国家，特别是与美国的关系，也经历了严峻考验，包括 1989 年政治风波和 1999 年美国轰炸中国大使馆事件等。中国"入世"，筚路蓝缕，殊为不易。

这是一段波澜壮阔的历史，体现了时代的脉动，也会给未来提供启示。这段历史的资料，主要是"复关"和"入世"谈判的文件，已经完整归档。在这些档案的基础上，出版了《中国加入世界贸易组织谈判文件资料选编》（中国商务出版社 2013 年版）。这是一部皇皇巨著，共 20 册，2 万多页，从

130099 页 14969 份文件中选出。

　　该书刚刚出版发行，本人就有幸从索必成先生处获赠。他是本人在商务部工作时的同事，也是"入世"谈判的主要参与者，档案整理和书籍出版的主要负责人。他花费 10 年心血从事这项工作，而我在工作之余，大致翻阅这个"选编"，陆续写下一点感想，也用了 10 个月（2013 年 7 月至 2014年 5 月）。2021 年是中国加入 WTO 20 周年，希望这些文字能够带着读者时光倒流，回到那个神奇的年代，进而伴着读者一路前行，迈向更加美好的明天。

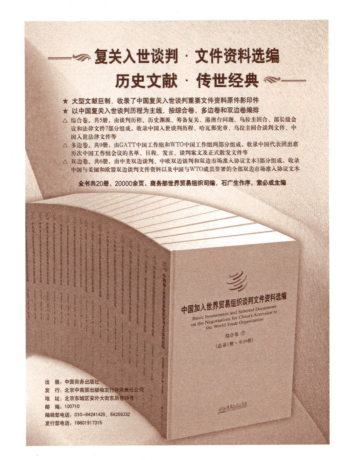

《中国加入世界贸易组织谈判文件资料选编》

(图片来源：当当网，www.dangdang.com)

第一部分　从 GATT 到 WTO

一、

金问泗与关贸总协定

翻阅《中国加入世界贸易组织谈判文件资料选编》，发现 Dr. Wunsz King 这个名字反复出现在当时一些文件中"China"的后面。例如，"53 NATIONS SIGN FINAL ACT: END OF CONFERENCE,UNITED NATIONS CONFERENCE ON TRADE AND EMPLOYMENT, Havana, Cuba, 24 March 1948"（《中国加入世界贸易组织谈判文件资料选编》，第 2 册，第 408 页，简称 2.408，下

同）。查找网络资料，并参考刘相平的《金问泗与关贸总协定》(《南京大学学报（哲学·人文科学·社会科学)》2002年第6期)，才知他是1947年GATT成立时中国代表团首席代表。以下是他的基本情况。

金问泗（1892－1968)，浙江嘉兴人。1910年毕业于复旦公学。1915年获天津北洋大学法学士学位。1916年夏，应北京政府外交官领事官考试，获隽后以政务科学习员入外交部。1917年夏，派为驻美国使馆学习员；同时入纽约哥伦比亚大学习国际公法及外交学。1919年1月初，任中国出席巴黎和会代表团副秘书，并获准许提早应考毕业，获法学硕士学位。1920年冬，任设于驻英国使馆之国际联合会中国代表办事处秘书及专门委员。1921年11月，任中国出席华盛顿会议代表团秘书。1922年2月回国，任职于北京财政部，专研关税问题，旋调回外交部，任通商司榷税科科长，兼在关税特别筹备处服务；8月奉派兼督办中俄会议事宜公署委员。1924年5月，兼关税特别会议委员会议案处帮办。1925年冬,兼外交部议事处帮办。1926年任外交部佥事,后改任词讼科科长。1927年7月,任上海特别市政府专任参议;11月任外交部秘书。1928年3月,任国民政府外交部第一司司长;4月任外交部驻江苏交涉员。1930年3月,任农矿部参事。1931年5月,任实业部参事,兼上海农产物检验所所长。1931年12月,任外交部代理常务次长。1932年9月,任中国出席国联行政院副代表。1933年5月,任驻荷兰公使。1940年5月,德军侵入荷兰,7月公使馆停办,奉命离荷暂居日内瓦。1941年5月,至伦敦执行驻荷使馆馆务,并兼代驻比利时大使馆馆务。8月兼代驻捷克公使馆馆务。1942年1月,兼代驻波兰公使馆馆务;10月任中国出席伦敦太平洋军事会议代表。1943年2月,升任驻荷兰全权大使。1944年9月,兼驻比利时、挪威、捷克大使。1945年3月,专任驻比利时大使,仍暂兼驻挪威、捷克大使,并兼代驻波兰公使馆馆务。1946年4月,任出席巴黎和会中国代表团副代表。1946年开始,

担任以下会议中国代表团首席代表：1946 年 10 月
2 日联合国世界贸易及就业会议准备会议，1946 年
10 月 15 日联合国贸易与就业筹备会议，1947 年 4
月至 10 月联合国贸易和就业会议筹备会议（参加
了关贸总协定基本条文的起草，并参加了为关贸总
协定奠基的第一轮多边减税谈判），1947 年 11 月
世界贸易与就业正式会议（哈瓦那），1949 年 4 月
第二轮多边减税谈判。1949 年 1 月，驻比利时大
使兼驻卢森堡公使。1955 年 6 月辞去驻比利时大使。
1959 年 3 月辞去驻卢森堡公使。退休后初居纽约，
后移居华盛顿。1968 年 4 月 21 日在华盛顿病逝。
终年 76 岁。著有《金问泗词稿》《中国与巴黎和会》
《中国与国际联盟》《从巴黎和会到国联》和《外交
工作的回忆》等。

二、

葳事及其他

"联合国贸易及就业会议葳事文件及各有关文件"。(2.547)

"葳事文件",是什么文件?

对照英文,原来是 1948 年 3 月 24 日联合国贸易与就业会议在古巴哈瓦那通过的一项文件:UNITED NATIONS CONFERENCE ON TRADE AND EMPLOYMENT：FINAL ACT AND RELATED DOCUMENTS.

查百度百科,原来是这样的:葳事:拼音:chǎn shì(音阐释),解释:谓事情办理完成。(前蜀)杜光庭《王宗玠宅弘农郡夫人降圣日修大醮词》:"沥丹歘以腾词,拂碧坛而葳事。"《宋史·乐志九》："新庙肃肃，葳事以时。"（清）魏源《再上陆制府论下河水利书》："加以木桩灰浆工费不赀，断非汛前所能葳事。"

很有趣啊！ FINAL ACT，现在都翻译成"最后文件"，那时是翻译成"葳事文件"啊！

那么，其他术语呢？

General Most-favored-nation Treatment，"一般之最惠国待遇"。嗯，差不多。

National Treatment，"国民待遇"。很好！实际上，翻译成"国货待遇"更好，因为此处说的是产品，而不是"人"。当然，人家的以下翻译更加传神：

Imported or domestic products，"进口货或土货"。"土货"啊！是"土特产"吗？

Subsidy，"津贴"。

Export Subsidies，"出口津贴"。"出口津贴"是什么？

State Trading，"国营贸易"。很好！但是早就有人说过这个翻译不准确，甚至引起误解。但是翻译成什么更好呢?

Anti-dumping and Countervailing Duties,"反倾销税与抵消税"。什么意思?

Consultation,"洽商"。好!比"磋商"温情脉脉了许多。

Settlement of Disputes,"争端之解决"。很好。

Director-General,"干事长"。怎么这么熟悉啊!"总干事",有什么区别?

事实上,这份"葳事文件"中的很多译文,尽管为联合国翻译处(United Nations translating service)之无名译者所翻译和抄写,然其文笔之典雅,小楷之娟秀,于每日面对现代文及印刷体之我辈,确有耳目一新之感。兹举一例:第一章"宗旨及目标"第一条:本约章各签订国,体察联合国建立为国际间和平友好关系所必需之稳定与庶裕环境之决心,承诺在贸易暨就业方面彼此合作,并与联合国合作。

比以下干巴巴的英文强多了!

Recognizing the determination of the United Nations to create conditions of stability and well-being which are necessary for peaceful and friendly relations among nations.

三、

新　闻

———

1947 年 10 月 27 日，位于日内瓦的联合国欧洲办事处信息中心发布了一份新闻稿，标题是"联合国贸易及就业会议筹备委员会第二次会议：最后文件通过和签署"。这份新闻稿提供了以下信息，有助于我们了解关贸总协定的起源及其初衷。（2.278—280）

重要性

23 个国家签署了最后文件。这标志着世界贸易史上最为全面、最为重要、最为影响深远的谈判的结束。这些国家包括了所有的重要贸易国，约占世界贸易总量的 70%。为了减少各种各样的贸易障碍，举行了100多场单独谈判。谈判结果已被纳入关税与贸易总协定（General Agreement on Tariffs and Trade）。这是一个多边贸易协定（multilateral trade agreement），其利益比国家之间单独签订的协定要大很多。这项成就，是以前任何贸易谈判都无可比拟的，因为以前谈判的范围都是有限的。这么多谈判同时进行，范围如此广泛，且只用6个月就完成了，这本身就是一项令人瞩目的成就。从1947年4月10日开始，在日内瓦举行了近1000场会议，另外还有一些非正式的讨论。此外，在4月10日至8月22日期间同时举行的讨论宪章的会议，超过450次。在关税谈判和宪章讨论期间，各代表团约投入760人。

背　景

第二次世界大战之前，人们就普遍认识到，要想复兴贸易，扩大生产，充分就业，就必须解决限制性贸易障碍的问题，而这只有通过国际行动才能实现。《联合国宪章》要求所有国家保持充分就业，这是扩大国际贸易的基本条件。

1945年12月，美国联合英国公布了一份倡议，提交世界贸易及就业会议讨论，同时邀请一些国家进行降低贸易壁垒的谈判。这是第一次重要的、实际的步骤。1946年2月，联合国经社理事会决定设立一个筹备委员会，准备一项议程，包括拟定一份宪章草案，供联合国贸易及就业会议讨论。1946年10月15日至11月20日，筹备委员会在伦敦举行第一次会议。1947年1月20日至2月25日，第一次会议所指定的起草委员会在纽约举行会议。1947年4月10日，筹备委员会第二次会议在日内瓦开幕。8月，委员会完成了宪章草案，可以提交11月21日在哈瓦那召开的联合国贸易及就业会议讨论。

在第一次会议期间，筹备委员会建议，美国所邀请的谈判，应作为第二次会议的一部分，由委员会主办。由于谈判已经完成，委员会希望哈瓦那会议能够讨论宪章草案。

关税谈判的完成，还有一层重要意义，即在实现宪章的一项首要目标方面建立了一个里程碑：宪章第 17 条规定，拟议中的国际贸易组织（International Trade Organization，ITO）的每一成员，都有义务通过谈判实质性降低关税及进出口的其他费用，以及取消优惠。从效果上看，这清楚地表明，世界上的主要国家已经准备在 ITO 宪章项下做出最为重要的一项承诺。各国依宪章行事，哈瓦那会议开门大吉（provides the Havana Conference with a most auspicious head start in its labors）。

四、

两进两出

———

中国台湾与关贸总协定的早期关系，"金问泗与关贸总协定"（参见"一、金问泗与关贸总协定"）这篇文章写得很清楚。本书补充一些原始资料，分为四个阶段：1947 年的创始缔约方，1950 年退出，1965 年成为观察员，1971 年退出（第 2 册）。

一、1947 年的创始缔约方。在"一、金问泗与关贸总协定"这篇文章的开头，我介绍道：Dr. Wunsz King，这个名字反复出现在当时一些文件中"China"的后面。那时候，他应该是中华民国派驻比利时大使兼驻卢森堡公使，作为中国首席代表参加了谈判。那时候，中华民国是最早参加关税减让谈判的二十三个成员之一，并且在哈瓦那宪章上签了字。

二、1950 年退出。1950 年 3 月 8 日，关贸总协定公布了一份文件，称收到了联合国秘书长的一封来函：中国台湾要求退出关贸总协定。函中有中国台湾蒋廷黻（？）给联合国秘书长发的一封电报，全文如下：I have the honour to inform Your Excellency of the decision of the Government of the Republic of China to withdraw from the General Agreement on Tariffs and Trade signed on the 30th of October 1947. This act of withdrawal is in accordance with paragraph five of the Protocol of the Provisional Application. I shall much appreciate it if you would advise by cable the date of receipt of this communication and also the date of entry into force of my Government's withdrawal. 该函还称，秘书长已经通知中国台湾有关方面，退出于 1950 年 5 月 5 日起生效。（第 952 页）

三、1965 年成为观察员。1965 年 3 月 8 日（多么巧合的日期！），下午 2 点 30 分，关贸总协定缔

中国"入世"简说

约方第二十三次大会之第三次会议在日内瓦万国宫举行。会议纪要中显示了以下内容：会议主席说执行秘书收到了中国台湾的请求，希望在缔约方大会上作为观察员。执行秘书回答说，已经对接受观察员事做了安排，其依据是程序规则第8条，即签署了1948年哈瓦那最后文件的政府，可以作为观察员参加会议，而中国台湾签署了哈瓦那最后文件，并且在1948年至1950年期间是缔约方。

会议主席表示，签署了哈瓦那最后文件并成为缔约方却后来退出，但是表示愿意作为观察员，这方面是有先例的，即黎巴嫩、叙利亚和利比里亚。关贸总协定缔约方全体（CONTRACTING PARTIES）的政策是，对于那些于缔约方所关心的众多实质性问题意义不大的政治性问题，要避免进行不具建设性的纷争。因此，缔约方全体一直遵循哈瓦那宪章第86条之政策，即对于政治性事项应尽力避免做出判断，并且对于政治问题应遵循联合国的决定。与联合国惯例所一致的是，接受观察员，不影响缔约方全体或某一缔约方对该政府承认的问题。执行秘书本人还征求了联合国法律部的意见，即在国际组织中的代表性问题与其他成员承认该政府的问题是不同的。1950年3月9日，联合国秘书长提交安理会一份备忘录，明确表达了这种区别，即成员通过一致的惯例表明，（1）对于不承认或没有外交关系的政府，一成员可以表决接受其为代表，（2）此种表决并非意味着承认或者准备建立外交关系。

这份会议纪要还记录了几个国家的发言。最后会议主席说：大家的讨论包括两个方面：第一个方面是关于缔约方全体的程序规则，第二个方面是许多缔约方与有关政府没有外交关系这一事实；不承认台北政府为中国合法政府之成员的意见，应记入会议纪要，但是对于缔约方全体的规则及其适用于此一事项，各成员没有争议。这次会议之后，中国台湾就成了关贸总协定的观察员。（第969—971页）

四、1971年退出。1971年11月16日下午3时，关贸总协定缔约方第二十七次大会之第一次会议在瑞士日内瓦万国宫举行。会议纪要中显示了以下内容：会议主席提请缔约方讨论中国台湾的地位问题。主席提及，1965 年，缔约方全体接受中国台湾为观察员，其代表一直参加缔约方全体的会议。当年接受其请求的时候，缔约方全体同意遵循联合国对于政治问题的决议。最近，这方面有一些重要进展，尤其是联合国关于中国代表权问题的决议。因此，主席认为缔约方全体可能有必要重新审查其 1965 年关于观察员地位的决定。他说，关贸总协定是关于贸易的，而不是关于政治的，因此避免政治性讨论或纷争，一直是关贸总协定的传统，并且也是可行的。现在既然缔约方全体再次面临了一个政治性问题，那么就应该按例遵循联合国 2758 号决议。如果缔约方全体同意，则应决定中国台湾不再具有观察员地位，并且由主席劝中国台湾代表退出本次会议（to invite the representatives of the Republic of China to withdraw）。

主席提到的联合国 2758 号决议，是指 1971 年 10 月 25 日联合国大会上做出的决议，宣布恢复中华人民共和国的所有权利，其代表为联合国唯一合法代表，并且将蒋介石代表在联合国及其相关的组织中所非法占据的位置上予以驱逐（to expel forthwith the representatives of Chiang Kai-shek from the place which they unlawfully occupy at the United Nations and in all the organizations related to it）。

在关贸总协定的这次会议上，台湾代表，Mr. TOH KUO-CHU，发表了讲话。他回顾了台湾以"中华民国"的名义在关贸总协定中的历程，提到了从 1967 年开始享受澳大利亚给予发展中国家地区的关税优惠，认为关贸总协定是独立的政府间组织，没有遵守联合国大会决议的法定义务。他说，否定中国台湾作为观察员地位，是歧视性的、非法的、不道德的（prejudicial, illegal and immoral），他表示强烈抗议。

会议主席说，如果没有代表团提议表决，那么他所提出的建议就视为达成协议了。结果是，没有人提议表决，因此他宣布，他的提议获得一致通过（there was thus a consensus for the adoption of the views expressed by him）。

五、

观 望

———————

　　1971 年 11 月 18 日，即关贸总协定缔约方决定中国台湾"不再具有观察员地位"之后的第二天，周恩来就指示外交部和对外贸易部，就"关贸总协定决定驱逐蒋帮一事，研究以下问题：一、对'总协定'本身的看法；二、对这个组织我们抱什么态度；三、如何表态。"当天晚上，对外贸易部就提出了初步意见，后于 30 日与外交部一起上报总理。

　　这份报告逐一回答了这三个问题。

一、对"总协定"本身的看法

　　"总协定"是美国策动下成立的，缔约国现已发展为八十个。"总协定"是一项关税和贸易的多边协定，标榜通过减让关税，消除各种贸易限制和障碍，以促进"自由贸易"，而实际上，是帝国主义，特别是美帝国主义进行对外贸易扩张和争夺世界市场的工具。目前亚非拉国家在"总协定"缔约国中已占多数。为了维护民族经济利益，这些国家在这一组织内，正进行着反对帝国主义掠夺、控制和剥削的斗争。

二、对这个组织我们抱什么态度

从政治上看，目前这一组织的中小国家欢迎我们参加进去，而且已经驱蒋，我们似应顺应他们的愿望和要求，以支持他们在经济贸易领域内开展反对帝国主义的斗争。从经济上看，根据"总协定"基本精神，实行最惠国待遇和相互减让关税等，在进口方面对我无实际影响，而在出口方面则会对于冲破西方国家对我贸易实行的歧视和限制，扩大我出口带来一些好处。通过参加这一组织的活动，还可获得不少国际贸易的有关情况。但在另一方面，"总协定"的缔约国都受一定约束，参加进去即须对各缔约国一律实行最惠国待遇，不便于我国对各种类型国家采取不同的国别政策；尤其是目前南非、以色列、葡萄牙和南朝鲜傀儡集团也是"缔约国"，我们同这些国家和地区根本不搞贸易，更谈不到同他们签订多边协定，或所谓相互提供最惠国待遇。同时考虑到，参加"总协定"要承担一定的义务，而协定条款相当复杂，涉及许多技术问题，需要有一定时间才能对协定及其活动进行深入了解，权衡利弊，决定是否参加，不然容易造成被动和不利。此外，路透社报导，"总协定"一致同意驱蒋，蒋帮"观察员"已提出抗议，并退出会场；而合众国际社则谓，"由于没有人要求正式表决"，蒋帮"观察员"没有提出抗议。看来，是否可确认已正式驱蒋，尚待进一步证实。

三、如何表态

根据以上情况，我们意见，对这一组织目前暂缓参加，也不主动表态。如对方来与我联系（迄今该组织尚未与我联系），可表示我们"已注意到总协定第二十七次大会撤销蒋帮作为参加会议观察员资格的这一正义行动。参加问题将予以考虑",并可保持一些接触,索要一些资料,以便了解情况。(2.1006-1007)

中国"入世"简说

六、
转　折

上文（"五、观望"）说道，1971年，新中国对关贸总协定的态度，是"目前暂缓参加，也不主动表态。如对方来与我联系……，可表示……参加问题将予以考虑。"

1979年2月，外贸部国际组准备的"关于关税及贸易总协定情况（接待美国财政部长、商务部长参考资料）"显示："如美方问及是否准备参加总协定可告：我正在积极考虑。"七年多了，从"将予以考虑"到"正在积极考虑"，态度好像积极了许多。事实上，这份资料显示，中国对关贸总协定的看法也发生很大变化。当初的看法是："实际上，是帝国主义，特别是美帝国主义进行对外贸易扩张和争夺世界市场的工具。目前亚非拉国家在'总协定'缔约国中已占多数。为了维护民族经济利益，这些国家在这一组织内，正进行着反对帝国主义掠夺、控制和剥削的斗争。"而现在的看法是："总协定的正式成员已由1958年的37国增加到目前的84国，力量对比发生了新的变化。发展中国家的作用正在增长。它们利用数量多数积极进行活动，试图把'富人俱乐部'改造成为不只是'富人'之间而且也是'穷人'同'富人'进行关税、贸易谈判的对方，要求通过谈判，解决它们的初级产品和加工品的进入市场问题。"

从此之后，一直到1986年7月10日中国正式申请复关，事态的发展，已经从单纯的"考虑"，变成了一系列的实际行动。

1980年4月22日，中国驻日内瓦代表处发回的"关税和贸易总协定概况"，洋洋13页，从性质和任务、基本原则、主要活动、会费、政府间机构和表决程序、成员国、秘书处等方面，详细介绍了总协定的情况，还有一个部分是"新成员国谈判加

入总协定的一般程序"。从这些内容看，中国要采取行动了。

1982年6月25日，中国正式申请成为第二十八次大会的观察员，并且很快获得批准。随后，总干事邀请中国作为观察员参加部长级会议。大会上，中国代表团团长表示："中国是总协定的创始国之一。目前，我国大部分进出口贸易是与总协定缔约国进行的，而且在未来岁月中，这种贸易关系必将不断扩大和发展。我们高兴地看到，总协定与我国之间的关系正在加强，我们愿意与总协定探索进一步发展这种关系的可能性。"此处，虽然没有明确说，但是"申请复关"一词仿佛就在嘴边，呼之欲出！

1982年12月1日，中国代表团参加大会后，会见了关贸总协定秘书处，与总干事邓克尔等讨论了一些问题。团长说："我们首先关心的是加入总协定的方式问题，……中国在其他国际组织中的地位是按照'恢复'方式解决的，希望总协定在这方面不会有什么问题。"总干事介绍了秘书处从法律角度和技术角度对中国参加总协定的考虑，认为有三种不同的方式：按通常的加入方式办理，从历史上恢复中国在总协定的席位，中国与缔约国签订议定书，或宣言书，或其他形式的文件。其中，恢复（restore）需要缔约国作出政治决定，宣布1950年中国台湾退出总协定为无效。与此同时，中国需要就其现行贸易政策与缔约国进行一系列谈判，弄清中国贸易政策和总协定贸易规则的差异。凡缔约国可以接受的差异，将按照特定的理由，免予中国执行总协定有关条款（所谓"放弃条款"）。中国欠交的会费，需要采取一个解决的办法。1949年以来，中国的关税发生了许多变化，需要通过谈判加以调整。代表团与秘书处还就几种方式的比较，需要谈判的四个业务问题，总协定的性质，业务谈判的时间等交换了意见。由此可以看出，中国已经开始筹备复关了。

事实上，同期对外经济贸易部、外交部、国家经委、财政部和海关总署联合上报国务院的"关于参加关税和贸易总协定的请示"中，已经明确提出

　　　　　　　　中国"入世"简说

"我拟加入总协定为宜"，并且"以采取恢复席位方式为宜"。但同时提出，"关于参加总协定的时间，待采取各种步骤，摸清情况并做好国内外政治、法律、经济、贸易等各方面准备工作后，在对我有利的情况下，才正式提出申请参加。"因此，中国复关，只是时机的问题了。

此处值得提及的是，1984 年 1 月 18 日，中国正式成为《国际纺织品贸易协定》的成员，因为"参加协定既可以促进纺织品的出口，又可以通过这个窗口，更全面地了解关贸总协定的运作情况，为开展恢复关贸总协定缔约国地位谈判积累经验。"
（1.31）（3.1-287）

七、

疑　虑

　　对于中国要复关，关贸总协定成员是不无疑虑的。早在 1980 年，美国驻日内瓦贸易代表处就写了一份报告，就此事向美国政府提出建议。

　　这份报告分为三个部分。第一部分是"中华人民共和国加入总协定可能采取的方式"，即是"恢复"还是"加入"，及其利弊和影响。第二部分是"谈判加入时各缔约国会提出的问题"。这些问题包括十个方面：中国的贸易体制是如何管理的（这种管理状况又如何通过中国目前正在讨论的经济改革而得到改变）？中国人是否有数量限制，标准，估价程序，第九条或第六条程序，许可证制度？中国的国营企业做出采购决定和定价决定的根据是什么？贸易水平是否由经济计划来确定？中国的关税是不是有作用的贸易调节手段，抑或是不是谈判的基础？我们是否需要作出进口承诺？我们是否需要有特殊保障程序？我们各自有哪些针对中国的贸易管理制度（这是在设立任何工作组之前我们应该讨论的问题）？中国将如何处理总协定成员国所涉及的技术问题（如人员，报告要求等）？我们如何处理中国目前较低的发展和贸易水平与中国潜在的增长能力之间的差距（总的差距或每个部门的差距）？

第三部分是"对关贸总协定机构的潜在影响"。总协定的最初宗旨不是为非市场经济国家而建立的。中国不仅是一个非市场经济国家，而且还是一个其贸易潜力较之目前的执行情况要大得多的发展中国家。所以，如果中国加入总协定，就很有可能加剧业已存在的要求从机构方面考虑这些问题的政治压力和经济压力。这些压力的性质很难做到与总协定和多边贸易谈判守则的基本宗旨协调一致。（3.193-198）

1986年5月，经合组织（OECD）为东西方贸易委员会工作组准备了一份报告："由于中国可能申请加入总协定而引起的问题"。该报告比较详细地分析了以下问题：中国目前在世界贸易中的地位以及中国申请加入总协定的法律方面的问题；中国外贸制度，是否应被视作为国营贸易制度，抑或视作为类似发展中国家的混合经济，及其与以往总协定在对待中央计划经济国家以及欠发达国家的经验中得出某些结论；对中国本身以及对全体缔约国来讲可能会引起的问题。此外，该报告还提出了中国应该回答的若干问题。此后，针对这份报告，美国代表团又就中国外贸制度提出了一些问题，要求各成员国及秘书处进一步讨论和研究：计划在外贸中的作用，中国的价格政策，关于权力和职责问题，企业的财政自主权，补贴，外贸透明度。(3.234-254)

凡是熟悉当时中国经济贸易制度的人，看了这些问题都会感到，中国复关，不会是一件容易的事情。但是，当时是否有人想到，这将是一个漫长的过程，需要花费十五年时间？

八、
申　请

1986 年 7 月 10 日，中国驻日内瓦联合国常驻代表团钱嘉东大使致关贸总协定总干事邓克尔先生照会，正式申请复关。照会中文稿全文如下：

尊敬的总干事先生：

我荣幸地通知阁下，中华人民共和国政府，忆及中国是关税和贸易总协定的创始缔约国之一，现已决定要求恢复中国在总协定的缔约国地位。

中国目前正在执行对外开放、对内搞活经济的基本国策，并将在未来坚持这项政策。中华人民共和国政府坚信，正在进行的经济改革进程将有助于扩大同缔约国的经济贸易关系，中国作为一个缔约国参加总协定的工作将有助于实现总协定的目标。

中国是一个发展中国家。中国政府期望得到与其他发展中缔约国同等的待遇。

中国准备同缔约各方就恢复缔约国地位问题进行谈判。为此目的，它将提供有关经济制度和对外贸易制度的情况。

阁下如能将中华人民共和国政府的要求转达缔约国全体，加以考虑，我将对此深表谢意。

顺致崇高敬意。

（3.288）

几个星期后，总协定新一轮谈判正式启动。9月15日至19日，在乌拉圭举行的关贸总协定部长级缔约国大会上，中国代表团发言，阐述了复关的动机和态度：

中国正在进一步实行对外开放政策和深入进行经济体制改革。对外开放是中国长期坚持的基本国策。中国经济体制改革的目标是建立一个计划经济与市场经济相结合的新型经济体制，这与关贸总协定的目标是协调的。正是为了适应这种对外开放和经济体制改革的新形势，我国政府决定申请恢复在关贸总协定的缔约国地位，发展同各国在多边领域中的贸易合作。中国恢复在关贸总协定缔约国地位不仅对中国而且对其他缔约国都会带来好处，同时也有利于加强多边贸易体制和促进关贸总协定目标的实现。新一轮多边贸易谈判是当前关贸总协定的头等大事，中国政府希望能充分参与这一轮谈判，为推动贸易自由化的进程和世界经济贸易的发展作出应有的贡献。(3.333)

九、
乌拉圭回合

乌拉圭回合谈了8年，世界贸易组织正式诞生，国际贸易规则的范围得以扩大。然而，中国复关，仍然路途漫漫。

1994年4月，中国代表团在乌拉圭回合马拉喀什部长会议上发言，传达了一些重要信息：

从1986年起，中国就开始了复关谈判，与此同时，中国也积极参加了乌拉圭回合各议题的谈判。

中国政府将与其他参加方一起签署乌拉圭回合一揽子结果，旨在参加到新的多边贸易体制中去。中国已进行了8年的复关谈判，为之做出了巨大努力并表现出极大的耐心和诚意。中国政府已明确要求早日复关并成为世界贸易组织的创始成员，承担与中国的经济贸易发展水平相一致的义务，这对中国经济体制改革和产业结构调整至关重要。

一个占世界人口近四分之一、占世界贸易第十一位的中国成为世界贸易组织的创始成员无疑将会增强该组织的普遍性和重要性。没有中国参加，世界贸易组织是不完整的。中国及时、全面、深入参与以世界贸易组织为基础的国际贸易体系对各方有利，既是中国进一步改革开放和经济建设的需要和保证，也是对世界经济发展和加强多边贸易体制的贡献和承诺，应当受到国际社会的鼓励和支持。（3.380-381）

十、

成　功

在又一轮谈判，多哈回合谈判启动之际，中国加入了WTO。2001年11月10日，中国代表团团长石广生在WTO第四届部长级会议上发表讲话说：在经历了长达15年的艰苦谈判之后，我们终于迎来了这一历史性时刻。中国必将对21世纪的中国经济和世界经济产生广泛和深远的影响。

这一刻来之不易。1996年12月12日WTO首届部长级会议上，中国代表团团长龙永图部长助理对WTO提出了批评，其中包括：接纳新成员的进程因政治因素和捞取经济实惠的策略而放慢，加入谈判内容与WTO协议的规定出现脱节。一些加入谈判已成为无所不包的对申请方经济贸易政策的审议。一些成员把加入谈判看成是解决与WTO规则无关的双边经贸问题的场所，大大超出了加入谈判的范围，致使一些谈判久拖不决。鉴此，多边贸易体制的世界性与普遍性受到了挑战。

1998年5月18日，龙永图副部长在WTO第二届部长级会议暨关贸总协定成立五十周年庆典上发言时说："在哈佛大学的演讲中，我曾打过一个比喻：WTO好比是一所学校，而中国是个申请入学的学生。到底是借口条件不够将其排除在外呢？还是应该让其入学，与其他学生一道接受学校的教育、与大家共同成长呢？我看明智的作法应该是后者。否则，让这个学生长期游离于学校之外，一是不符合学校教书育人的宗旨，另外，长此以往，该学生很可能发展出一套自己的行为模式，这个结果恐怕是大家都不愿看到的。"

与这个风趣的比喻相比，1999年12月2日，石广生部长在WTO第三届部长级会议上的发言，则作出了郑重声明：在成为世界贸易组织成员之后，中国将根据自身的经济发展水平，为新一轮多边贸易谈判的成功作出贡献。在未来的多边贸易体制当中，中国将是一个负责任的和发挥建设性作用的成员。

从谈判的艰难到成功的喜悦，其中的酸甜苦辣，恐怕只有亲身经历者才能解其中之味吧。（3.595-613）

第二部分 从"复关"到"入世"

十一、
326 个问题

————

中国申请复关后，关贸总协定根据 1987 年 3 月 4 日的一个决议，按惯例成立了一个工作组（Working Party on China's Status as a Contracting Party）。工作组的职责是：审查中国的外贸制度，起草有关权利和义务的议定书，开展减让表谈判，以及其他有关事项，包括缔约方全体的决策程序及提交理事会的建议。工作组对所有缔约方开放。

此前，中国已经按要求提交了一份《中国对外贸易制度备忘录》。备忘录长达48页（中文本），分4个部分介绍了情况：第一部分 概况：中国经济体制改革，中国对外开放政策，中国参加的国际经济、贸易和金融组织及有关的国际条约；第二部分 中国对外贸易政策和体制：中国对外贸易政策，中国外贸体制改革，中国海关关税制度，中国商品检验，中国进出口许可证制度，中国商品的作价，中国外汇管理制度，中国经济特区和沿海开放城市；第三部分 组织机构和出版资料：组织机构，与外贸有关的出版资料；第四部分 附件。

随后，就这份备忘录，缔约方提出了326个大问题，而且很多大问题中套着小问题。兹举例如下：备忘录中有几处提到建立"商品经济"新体制的目标，这里的"商品"是什么意思？GDP是如何计算的？由国家制定的价格和工资政策对GDP计算有何影响？"多种所有制"包含哪些内容？目前实行的体制将会有哪些变化？各种形式的所有制经济实体所占的比例将会有哪些变化？中国打算继续维持中央计划对所有商品的控制作用吗？在其安排中，计划与市场的各自作用是什么？与北京决策相比，省里决策的能力有多大？省里决策在多大程度上需要北京的批准或认可？合营企业和外资企业是否有满足"地方成分"和"出口要求"的义务？外贸计划是如何在各省之间进行分配的？外贸计划中是否对经济特区和沿海城市制定详细的计划指标？如果是，是总额还是单独分列出来的？生产企业的外贸计划指标是由哪个机构确定的？是指令性的还是指导性的？纳税人在什么情况下，才能对有关海关估价的案件要求复审？对于出口商品检验，请详细说明"国家有关规定"是什么？许可证是给最终用户还是给外贸公司？中国是否准备加入补贴和反补贴措施守则和反倾销守则？（中国的答复是：东京回合守则不是总协定条款的组成部分，签署这些守则也不是所有总协定缔约国必须承担的义务。我国正在对东京回合守则进行研究，将根据研究结果作出是否签署这些守则的决定。）中国是否准备随着时间的推移而过渡到可兑换人民币？如果是这样的话，预计这一过渡时间有多长？一般物价水平上升和人民币贬值方面是否存在着固定联系？经济特区的自主权仅仅是提供给这些地域的外国人还是也给中国人？请详细说明国务院如何协调各部委的工作。在对外贸易及管理政策的制定及执行方面，经贸部各个局的职责是什么？

看了这些问题，我们想起了早在1980年，美国驻日内瓦贸易代表处向美国政府提交的一份报告，以及1986年5月，经合组织（OECD）为东西方贸易委员会工作组准备的一份报告（参见"七、疑虑"），因为这些问题同样表明，其他国家对中国是多么不了解。在上述美国的那份报告中，美国还提出："总协定的最初宗旨不是为非市场经济国家而建立的。中国不仅是一个非市场经济国家，而且还是一个其贸易潜力较之目前的执行情况要大得多的发展中国家。所以，如果中国加入总协定，就很有可能加剧业已存在的要求从机构方面考虑这些问题的政治压力和经济压力。这些压力的性质很难做到与总协定和多边贸易谈判守则的基本宗旨协调一致。"因此，针对备忘录的这些问题，也像此前的美国和 OECD 报告一样，充满了其他国家对中国的疑虑。

11月，中国提交了答复，长达 143 页（中文本）！

（6.1-461）

十二、
数以千计的问题

————

　　从 1987 年 10 月 22 日至 1988 年 9 月 28 日，在近一年时间里，中国工作组共召开了 5 次会议。除了第一次会议是关于工作组日程安排等程序性问题之外，随后 4 次会议主要是由中国面对面回答缔约方针对备忘录所提出的问题。这个阶段，可以称为"口头答疑"阶段，是为了增加缔约方对中国外贸体制的了解。这个阶段，中国回答了缔约方数以千计的问题（7.333）。

　　在工作组第 2 次会议上，美国代表发表了长篇讲话。美国代表称，中国决定成为缔约方，表明中国决心开展广泛的经济贸易改革，开放经济，参与国际经济体系。中国融入国际贸易体制，将对大家产生积极效果，并且有助于中国的经济现代化和促进其经济发展。工作组的任务，是起草一份议定书，确立中国的权利和义务。在工作组会议上，美国政府提问之目的，是为了明确提出谈判中应该解决的问题。因此，工作组有大量的事情要做。在这篇讲话中，美国代表还表明了其一般原则、基本领域和主要目标。

中国需要做出一些承诺才能加入总协定这个组织，而究竟需要做出哪些承诺，是由中国与其他缔约方谈判达成的。既然是谈判，其他缔约方就需要详细了解中国的情况。这便是缔约方提出这么多问题的原因，而工作组初期的任务，就是为这种答问提供一个平台。美国代表的发言，就反映了这样一个背景。

"口头答疑"结束了。在第5次工作组会议上，美国代表发言，感谢中国的勤勉努力，但同时表示，这只是工作组初期工作之结束（the end of the beginning of its work）（第7册第347页），下一步是审查中国的经济贸易制度与总协定条款的一致性问题，而从问题的复杂性和信息的数量看，这项工作绝非易事（will not be an easy task）（第6册第500页）。

此外，在第2次会议上，美国代表还谈及了中国非常关注的两个问题："恢复"还是"加入"（resuming or acceding），以及"发展中国家"。美国代表称，中国认为是恢复缔约方地位，而不是加入，但是两者的程序都是一样的，即不管怎么称呼，中国作为总协定成员的条件都是与其他缔约方谈判达成的，并且这些条件必须确保中国遵守总协定条款的意愿和能力（those terms must ensure both the willingness and the ability of China to adhered to the provisions of the General Agreement）。美国代表还称，中国表示是作为发展中国家成为总协定成员，但是总协定中的发展中国家地位，并不是谁赋予的，而是自称的（self-proclaimed）；中国在很多方面都是发展中国家，但是中国同时又是非市场经济国家，其将总协定中的权利给予其他缔约方之能力，可能会受其中央控制型经济贸易制度的影

　　　　　　　　　中国"入世"简说

响（China is a non-market economy, whose ability to extend GATT rights to other CPs may be compromised by its centrally-controlled economic and trade system）；尽管这个问题对于中国很重要，但是在审查中国外贸制度和起草议定书条款之前，是无法讨论的；而且，如果我们不能够在工作组中明确总协定如何适用于中国的经济发展和贸易政策，以及中国如何遵守其义务以享受总协定所带来的利益，"发展中国家"这一头衔就是没有意义的。

（6.487-501）

十三、
评　估

　　中国申请复关——总协定成立工作组——中国提交 48 页的《中国对外贸易制度备忘录》——缔约方提出 326 个大问题——中国提交长达 143 页的答复——"口头答疑"数以千计的问题。中国复关，经历了这几个步骤，合理的推论，下一步应该是评估中国的外贸制度与总协定条款的一致性了。事实上，在第 6 次工作组会议时，这项工作便开始了。

　　会前，总协定秘书处根据前几次会议的情况，整理了一份材料：《中国的外贸制度》（*China's Foreign Trade Regime*），共 51 页，从以下几个方面介绍了中国外贸制度的状况：概况，组织结构，进出口制度，国内税收及条例，中国的对外贸易关系，

158　　　　　　　　　　　　　　　　中国"入世"简说

贸易条例的公布与实施，中国的制度和关贸总协定。与中国提交的《中国对外贸易制度备忘录》相比，这份材料是过去两年多时间里，缔约方所形成的对中国外贸制度的理解，属于"事实部分"，从而构成了评估的基础。

在第 6 次和第 7 次会议上，缔约方对中国外贸制度与总协定条款的一致性提出了很多问题。后来秘书处进行了汇总，形成了一份材料：问题清单（annotated checklist of issues），共 19 页，包括三个部分：关贸总协定的适用范围，中国贸易制度与总协定条款的一致性，经济制度与总协定的一致性。例如，对企业和个人从事外贸权利的限制，与总协定严重不符；为产业保护目的实行进出口许可证制度，是不符合总协定的；对某些产品，中国进口商必须得到国内不生产同类竞争产品的证明，这种进口替代的政策与总协定不符；国家对亏损企业的补贴构成总协定项下的补贴；中国的进口计划订明来源国，因此与最惠国待遇原则相悖；中国缺少对指令性和指导性计划的公布，这与总协定第 10 条第

1 款不符。在这份材料中，还有中国对这些问题的解释。从形式上看，这份材料已经是最后形成的工作组报告的雏形。在工作组报告中，也是各成员对中国贸易制度的方方面面提出关注，而中国则作出了相应的解释（其中有些内容还构成了中国"入世"承诺）。

经过两次工作组会议，合理的推论，下一步应该是起草议定书，即中国应该作出具体承诺了。事实上，1989 年 4 月 19 日，在第 7 次会议结束的时候，美国代表也提议工作组会议进入起草议定书的阶段，甚至还列出了美国所关注的、议定书应该列入的内容。议定书一旦完成，加上（已经开始初步接触的）双边市场准入谈判结束，中国就可以成功复关了！此时距中国申请复关还不到三年时间！虽然大家知道，议定书是关于中国经济贸易制度改革的，而双边谈判是关于降低关税的，这两件事情皆非易事，可能还需要花一些时间，但是大家一定觉得，一切都在按部就班地进行着。照这样顺利地进行下去，也许在不久的将来，中国就能恢复总协定

　　　　　　　中国"入世"简说

的成员地位。

　　可就在此时，发生了两件事情，使得"入世"进程几乎陷于停顿。（7.433-693）

十四、
停　顿

上回说到，中国复关谈判顺利进行，在不到三年的时间里取得了积极的进展，也许在不久的将来，中国就能恢复总协定的成员地位。可就在此时，发生了两件事情，使得入世进程几乎陷于停顿。

1989年春夏之交的政治风波之后，西方国家对中国实行制裁，原本已经取得较大进展的贸易制度审议陷入僵局，中国复关谈判实际上中断了近两年。（1.77）

从经济原因上看，中国正在进行治理整顿，采取和加强了一些行政管理措施。……美国和欧共体等态度消极，对中国经济贸易体制改革疑虑重重，强调自经济调整特别是中共十三届五中全会作出的《关于进一步治理整顿和深化改革的决定》（1989年11月9日）以来，中国实行了中央集权和计划导向的政策，加强指令性计划，注重公有制和国营企业的作用等。在外贸方面，加强了行政控制，企业自主权上收，出口补贴增多，关税和非关税限制以及进出口产品禁令扩大，中国应对上述变化作出解释和澄清，并尽早对将于1991年开始的新外贸体制改革方案和"八五"计划中的改革内容作出介绍和说明，从而使缔约国及时了解和评价中国经贸体制发展的方向。(7.756)

原来如此！一个政治事件，一项经济文件，使缔约方对中国复关产生了疑虑，因此要求中国作出更多的解释。

1989年12月12日，两次推迟的第8次工作组会议召开。此前，中国提交了《中国外贸制度补充文件》，具体介绍了治理整顿情况和外贸制度方面的变化。会上，缔约方对这份文件提出了一系列问题，集中在经济改革的基本趋势和经济政策的性质是否变化上。1990年9月20日召开的第9次会议,内容基本相同。

1992年2月13日,第10次会议召开。会前,中国又提交了一份《关于中国外贸制度的补充文件》,对《关于进一步治理整顿和深化改革的决定》与"八五计划"的关系进行了说明。这次会议决定,工作组进入议定书讨论阶段。

至此,我们发现,由于政治和经济原因,原本1989年4月19日第7次会议结束后就可以开始的议定书起草阶段,却推迟了近三年时间!不仅如此,在这三年时间里,工作组似乎在走回头路,重新要求中国解释外贸制度,重新审查中国的外贸制度。第8、9、10次会议,就是在这种艰难的情况下进行的。那么,中国复关之路,还有多漫长呢?(7.699-803)

十五、
突　破

1992 年 10 月 21 日召开的第 11 次工作组会议，在中国复关的进程中实现了一次突破。在这次会议上，正式开始了议定书的谈判，建立了议定书非正式磋商小组。此前，中国还提交了《中国现行关税及非关税措施一览表》，作为双边市场准入谈判的基础。从此以后，多边和双边谈判就紧锣密鼓地开展起来了。

到 1994 年 6 月 28 日的第 17 次会议，在不到两年的时间里，工作组连续召开了 7 次会议。各方就议定书的内容进行了广泛的谈判，形成了议定书的大体框架。与此同时，中国与一些主要缔约方的市场准入谈判也开始进行。值得提及的是，在这个阶段，中国还一直在回答缔约方关于外贸制度的各种各样的问题。也就是说，对外贸制度的审议，还在随时随地地进行着。不仅如此，1993年5月，中国还提供了一份新的《中国对外贸易制度备忘录》（修订本），以及时全面地反映中国外贸制度自申请复关六年多来的发展。

谈判取得进展，与中国的一个重大事件是有关系的，即1992年10月的中共十四大提出了建立社会主义市场经济的目标。我们还记得，在中国申请复关之初，美国等缔约方存在着一些疑虑，认为"总协定的最初宗旨不是为非市场经济国家而建立的。"（参见"七、疑虑"）也就是说，中国作为非市场经济国家，与总协定的制度设计有着本质区别，因此如何吸收中国这样的成员，是需要缔约方特别费心的。现在中国提出建立市场经济，就从根本上解决了"方向"的问题，中国的复关之路就平坦很多了。

正是基于这样的背景，在第11次会议上，中国代表兴奋地说：中国的经济体制改革进入了一个决定性的转折关头，可以说发生了划时代的变化；中国建立市场经济的决定是坚定的，这不仅是发展中国经济所必需的，也是恢复我国在关贸总协定缔约国地位的最重要的条件；中国实行市场经济，将使中国的经济结构和政策更快地符合以市场经济为基础的关贸总协定的体制，使中国在恢复地位后，能更好地履行实施关贸总协定规则的义务；这是中国经济体制向着关贸总协定的原则和规定靠拢的关键一步。（8.15-17）

（第 8 册，第 9 册第 1—542 页）

十六、

冲　刺

中国复关谈判紧锣密鼓地进行着。乌拉圭回合已于 1993 年 12 月 15 日结束。1994 年 4 月 15 日，包括中国在内的参加方签署了最后文件。世界贸易组织将于 1995 年 1 月 1 日成立。中国的目标是，全力以赴，争取在 1994 年年内复关，成为 WTO 创始成员。(9.7)

然而，1994 年 7 月 28 日召开的第 18 次工作组会议上，谈判却陷入了僵局。对于工作组主席综合缔约方要价所提出的"议定书非正式文件"，中国代表表示：这个文件只反映了缔约方，特别是一个主要缔约方的最高要价，而没有吸收中方的考虑和建议，因而是不平衡的，也是不能接受的。

　　　　　　　中国"入世"简说

"一个主要缔约方"显然是指美国。中国代表随后列举了中国难以接受的十个方面：（一）不允许中国适用关贸总协定国际收支条款，特别是对发展中国家的规定；（二）建立在"市场扰乱"概念上、完全脱离"严重损害"标准、任意限制中国出口商品的歧视性特殊保障条款；（三）在农产品方面限制中国援引《农业协定》的有关规定；（四）强迫中国加入本来属于自愿参加的诸边协定，如《政府采购协定》《民用航空器贸易协定》等，剥夺中国在《技术性贸易壁垒协定》《海关估价协定》中享有过渡期安排的权利；（五）要求中国承诺取消所有出口税；（六）要求中国接受超过《与贸易有关的知识产权协定》对发展中国家规定的义务；（七）要求中国接受超过《与贸易有关的投资措施协定》规定的义务，如要求中国在议定书生效之日立即取消与协定不符的投资措施；（八）要求中国接受超过《服务贸易总协定》规定的义务；（九）要求中国与缔约方发生的争端，只能在特别审议机制建立的"工作组"框架内审议，不能使用WTO的争端解决机制；（十）要求中国全部取消价格控制等。
（9.547-548）

第 19 次工作组会议于 1994 年 12 月 20 日召开。此前，中国代表团在日内瓦与各缔约方进行了长达三个星期的谈判，在外贸制度统一实施、特殊经济区、透明度、特殊贸易安排、国营贸易、进出口许可程序、外汇管制、价格控制、进出口税费、农业及取消对华数量限制等十几个条款上达成了一致意见，但在关键问题，如发展中国家地位、国际收支措施、一般保障条款、过渡性保障条款和过渡性审议机制等问题上分歧过大。这意味着，中国无法在WTO 建立之前恢复关贸总协定的缔约国地位，无法成为 WTO 创始成员。

在工作组会议上，中国代表发言，对中国复关谈判未能在 WTO 建立之前完成表示十分遗憾，"这完全是极个别缔约方出于政治上的需要，蓄意阻挠，缺乏诚意，漫天要价导致的"。他还表示："中国并不想关闭谈判的大门，但中国将不再主动要求举行双边磋商和中国工作组会议。"（9.725-726）

中国"入世"简说

十七、
非正式磋商

上文说到，虽经百般努力，但中国未能在WTO建立之前恢复关贸总协定的缔约国地位，无法成为WTO创始成员。在复关工作组最后一次（第19次）会议上，中国代表发言："中国并不想关闭谈判的大门，但中国将不再主动要求举行双边磋商和中国工作组会议。"

"谈判中断，中国没有关闭谈判大门。……WTO成员通过各种渠道发出信号，要求与中国恢复谈判。"（10.5）事实上，从1995年1月1日WTO成立到1996年3月20日入世工作组第1次会议这一年多时间里，举行了三次非正式磋商（informal consultations），内容既有议定书条款，也有双边市场准入问题。应当说，这些磋商虽然是"非正式的"，但是从形式到内容，都是工作组工作的延续，对澄清一些重要问题和"入世"谈判做了一些铺垫。

在此期间，1995 年 6 月 22 日中国正式申请在 WTO 中的观察员地位，11 月 28 日正式申请加入 WTO，复关工作组相应转为"入世"工作组。

复关谈了近十年，而我们现在知道，"入世"之路还有五年之遥。关于"入世"之艰难，也许当时的谈判者已经有所预感。1995 年 10 月 6 日，工作组主席吉拉德（Pierre-Louis Girard）访华的时候，曾经谈及谈判的前景："中国复关谈判分为几个阶段。从 1987 年至 1989 年，谈判是西方大国出于政治目的下予以推动的，因而进展比较顺利。而从 1992 年至今，才是真正的严格按照关贸规则的谈判，这一阶段的谈判是经济利益所驱动，故而困难重重。乌拉圭回合结束后，多边贸易体制的纪律进一步加严，使得中国加入 WTO 的谈判更为艰巨和复杂。由于世界经济活动更加多样化，加上现在

　中国"入世"简说

管辖的范围越来越广，成员也越来越多，各国的经济发展水平差异很大，所以必须有更加严密的规则和纪律来规范各成员的贸易政策，否则这个组织就会成为一盘散沙。在这种情况下，各方必然要对中国的加入提出一些苛刻的要求。俄罗斯加入WTO的谈判已经开始，放宽条件让中国复关会给俄罗斯留下一个很不好的样板。此外，中国是有巨大发展潜力的经济大国，各国从取得更多实际利益的角度出发也会对中国从严要求。以上种种因素增加了中国复关的艰巨性和复杂性。"吉拉德还说："对于中国加入的益处，乌拉圭回合谈判的结束并不意味着多边贸易体制的变革将告一段落，相反，WTO正酝酿就投资等重大问题制订新的规则。中国应当尽早加入WTO，作为其成员参与这些规则的制订，保护自己的利益。否则，中国将失去在世界经济中应有的地位，在某种程度上也失去了发展的机遇。"（10.133-134）

总之，吉拉德的意思是：与"复关"相比，"入世"更难，但是中国仍然需要尽早"入世"。现在距吉拉德预测已经 26 年，中国成为 WTO 成员已经 20 年。作为"事后诸葛亮"，我们今天如何看待当年这个洋人的观点呢？

　　　　　　　　　　　　　中国"入世"简说

十八、

贸易权

中国"复关"改为"入世","复关"工作组相应转为"入世"工作组。在 1996 年 3 月 22 日举行的"入世"工作组第一次会议上,中国代表表示:"考虑到 WTO 与 GATT 在法律上的继承关系以及中国进入谈判本身的连续性,我们愿意与工作组各成员形成这样一个共识,即在过去谈判中,中方和各缔约方在关贸总协定框架内所达成的协议和做出的各项承诺继续有效。"(10.264)也就是说,谈判继续进行,而不是从头开始。在 11 月 1 日举行的第 2 次工作组会议上,中国代表还就"维持现状原则"明确表态:"在谈判期间,中方将不再出台新的与 WTO 规则不符的法律和政策,同样,我们

也真诚地希望 WTO 成员本着这一原则，承诺在谈判期间不再提高要价，并且不再加严贸易限制。"（10.478）

然而，"继续进行"和"维持现状"只是一些原则，谈判仍是要一项一项具体进行的。我们还记得上回工作组主席吉拉德所表达的意思：与"复关"相比，"入世"更难。

"入世"谈判的第一个突破，是贸易权问题上的进展。在 1997 年的第三次工作组会议上，中国承诺在加入 WTO 后三年内，逐步放开贸易权，使得所有在中国的企业均将拥有自行进口和出口的权利。众所周知，当时做进出口生意，必须"经国务院对外经济贸易主管部门许可"（原外贸法第 9 条）。对于这个改变，中国代表表示："这是中国政府对于现行贸易体制的一次重大改革，表明了中国政府愿意遵守世贸组织国际规则的诚意。同时，也是中国消除贸易壁垒，扩大市场准入的一个重要承诺。有人说这是中国外贸体制的一场革命。我认为，就外贸权改革所涉及问题的广度和深度及其影响而言，这种说法并不过分。外贸权的放开，对于中国而言，是一个巨大挑战，然而，外贸准备接受这样的挑战。"（10.687-688）

十九、
法规清理

在 2000 年 3 月 21 日举行的第九次工作组会议上，中国代表宣布："为了推动加入 WTO 的进程，中国政府正在采取一系列措施，为加入 WTO 后履行有关义务作好国内的准备工作。这些工作包括……按照 WTO 协议的原则和规则，抓紧清理与 WTO 协议有关的法律法规。目前，已经初步清理出若干载有与 WTO 协议不尽一致的法律法规。根据中国加入 WTO 的进程和中国政府的承诺，这些法律法规将适时进行修改或废止。与此同时，也要制定一批新的法律法规，以适应中国加入 WTO 的需要。此外，中国政府还积极组织政府各部门按照 WTO 协议的要求，对本部门的行政规章进行清理。

中国"入世"简说

这项工作的目的，就是要最终使中国的对外经贸法律法规与 WTO 的国际通行规则相一致。"（11.808）

法规清理？废改立？加入 WTO，还要做这些事情吗？这些事情是怎么做的？以下一篇资料(略，参见杨国华：《条约必须遵守——作为 WTO 成员的中国实践》《行政管理改革》2021 年第 7 期)，是当年本人参与这项工作的总结，比较详细地介绍了这个过程。

不仅如此，"出席中国工作组第 9 次会议中国代表团名单"上，出现了"杨国华 外经贸部条法司副处长"（11.799）。啊！那些如火如荼如歌的岁月啊！请容我专文慢慢讲述吧……（见"二十四、人物"）。

二十、
双边与多边

————

在 2000 年 7 月 27 日举行的第 11 次工作组会议上，中国代表就一个重要问题阐明了立场："……关于双边协议的'多边化'问题，……同意把所有双边协议中有关议定书和报告书的文字，在起草法律文件时'多边化'。……当然，中方在双边谈判中已经作出了最大限度的努力，不可能在多边谈判阶段，再在市场准入方面作出超出双边协议内容的承诺。"（12.26）

一个国家加入 WTO，要与现有成员就加入的条件进行谈判。理论上说，谈判是在双边和多边两个层面上进行的。双边层面，是与提出要价的成员进行一对一的谈判，内容可以涉及产品关税的降

　　　　　中国"入世"简说

低，也可以涉及贸易制度的改变。多边层面，是在"入世"工作组主持下，很多成员坐在一起讨论，内容主要是贸易制度的问题。一般是多边层面先开始，例如审议贸易制度，以增加现有成员对这个国家的了解。随后开展双边谈判，但工作组仍然经常召开会议，通报情况，协调谈判。等到双边谈判差不多了，工作组就会组织大家将双边谈判和多边谈判的成果汇编在一起，形成一份综合的"议定书"（protocol）及相关附件。工作组还会主持起草一份"工作组报告书"（working party report），主要是介绍工作组会议就一些重要问题的讨论过程，但其中也包括一些具体承诺。因此，"议定书"和"工作组报告书"合在一起，就是一个国家加入 WTO 的所有承诺。

由此可以看出，双边谈判和多边谈判的时间和内容之界限并非那么清楚。更为重要的是，在双边协议"多边化"成议定书和工作组报告书时，不仅可能出现文字汇编等工作量巨大的问题，而且可能发生现有成员提出新要求的争议。中国代表发言的后半句话，就表达了这样的含义。在 9 月 28 日举行的第 12 次会议上，中国代表更加明确地表示："我们反对借口确保协议的履行，而不断向中国提出新的要求，我们认为这实际上是要求对一些已经签署的双边协议重开谈判。"（12.476）

二十一、
完成实质性谈判

———————

上文（"二十、双边与多边"）说到，在第 12 次工作组会议上，中国代表明确表示："我们反对借口确保协议的履行，而不断向中国提出新的要求，我们认为这实际上是要求对一些已经签署的双边协议重开谈判。"（12.476）可想而知，"多边化"的过程并非一帆风顺。事实上，到了 10 个月以后的 2001 年 7 月 4 日的第 16 次工作组会议上，实质性谈判才得以完成。在这次会议上，中国代表深情地表示：

在这 15 年的历史进程中，我们在这座建筑物里和世界其他一些地方，讨论过与加入有关的无数议题和文本，我们有过分歧和争论，也有过沮丧和困惑，当然也有形成共识和达成协议的喜悦。当我们埋头于谈判细节的时候，也许常常忽略了这一进程的重大意义。现在，当我们确定无疑地看到隧道尽头的亮光离我们越来越近的时候，我们有理由暂时从谈判细节中摆脱出来，看一看我们共同描绘了怎样一幅蓝图：占世界人口四分之一的中国人，以15年艰苦的谈判历程向全世界表示：中国坚定不移地实行改革开放的基本国策。……我敢肯定，不用再过15年，历史就将充分地证明，我们在这里所做的工作和付出的努力对中国和世界的重要意义。（13.551-552）

而在9月17日的第18次，即最后一次会议上，中国代表更进一步表示：

过去15年谈判的历史，就是中国不断向市场经济体制迈进，向通行的国际规则靠拢的历史；是中国不断加快对外开放，逐步深入参与经济全球化进程的历史。中国多次大幅度降低了关税，削减了绝大部分非关税措施，逐步放开了服务贸易领域，废除了进出口的指令性计划，取消了出口补贴，建立起了以市场为基础的价格机制，实现了汇率并轨和经常项目下的人民币可兑换，统一了税制并对外国产品给予了国民待遇。……我们刚刚完成的工作，将确保这一进程以一种更加稳定和可以预见的方式延续下去。我们眼前经过艰苦谈判形成的厚达一千页的文件，将成为中国未来若干年对外开放市场的时间框架和遵守国际规则的法律基础。（14.682）

两段发言，道出了持久谈判的艰辛，表明了中国"入世"的意义，并且总结了这15年中国改革开放发生了什么。更为重要的是，中国代表向世人呈献了未来改革开放的"路线图"，即这"厚达一千页的文件"！

二十二、
一千页文件

上文（"二十一、完成实质性谈判"）说到，中国入世谈判，形成了"一千页的文件"，即"中国加入工作组报告书"和"中国加入议定书"及其9个附件。2001年9月17日，最后一次工作组会议结束当日，WTO发布了一份新闻稿，宣布中国入世谈判成功结束。该新闻稿总结了谈判的主要成果：中国做出了一系列承诺，开放并使其制度自由化，以便更好地融入世界经济，并且依据WTO规则为贸易和外国投资提供更有预见性的环境。新闻稿列举了一些重要承诺：

中国对所有WTO成员给予非歧视性待遇。在贸易权方面，所有外国的个人和企业，包括那些没

中国"入世"简说

有在中国投资或注册的企业，其待遇都不低于在中国的企业。

中国取消双重定价机制，并且取消对国内外产品的差别待遇。

不得为了保护国内产业或服务提供者而使用价格控制。

中国将修改其现行国内法，并且制订完全符合WTO协定的新法律，以便有效、统一地实施WTO协定。

中国加入WTO三年内，除了有限的例外，所有企业都将享有进出口所有货物并且在国内进行销售的权利。

中国将不对农产品提供出口补贴。

对于小麦、烟草、燃料和矿产等产品，中国保留了垄断的国营贸易，并且对于产品的运输和分销保留了一些限制。但是目前对外国企业的很多限制，都将在三年内被取消。在其他一些领域，例如知识产权保护，中国将从加入时起，就完全实施"知识产权协定"。

在 12 年时间内,如果来自中国的产品对其他成员造成市场扰乱,则其他成员可以采取特殊的过渡性保障措施。

另一方面,其他成员针对中国产品的禁止、数量限制或其他措施,将逐渐取消,或者根据双边达成的时间表逐步取消。

此外,该新闻稿还列举了纺织品和农产品等货物方面,以及电信、银行和保险等服务方面的承诺。

中国"入世"简说

二十三、
中美谈判

————

　　读史至此，读者诸君可能已经发现，中国"入世"谈判，无论是多边谈判还是双边谈判，坐在中国对面的，主要都是美国。事实上，中国申请复关伊始，早在 1986 年 11 月 18 日至 22 日于北京举行的中美第一轮双边磋商中，美方就提出了五点要求，包括贸易制度统一实施、贸易制度透明度、非关税措施、价格改革和特殊保障条款（15.6-7）。这些要求，在 15 年后的 2001 年中国入世议定书中，我们看到了直接的反映。此外，在 1988 年 9 月的中国工作组第五次会议上，美国提出了第一份议定书草案（15.196-201）。1996 年 11 月美国在双边谈判中提出"交通图"（roadmap），涉及 28 个方面，基本上确定了议定书的框架（15.913-927）。而中美双方于 1999 年 11 月 15 日达成的双边市场准入协议，则长达 900 页，成为中国加入议定书及其附件的主体部分！

中国"入世"谈判，不仅在实质内容上受到了美国的主要影响，而且在谈判进程上也受到了中美关系的主要影响。看看这 15 年期间所发生的事件及其中美关系的起伏，就能感到，"入世"谈判仿佛一叶扁舟，航行在惊涛骇浪之间："中国发生了 1989 年春夏之交的政治风波，……美国政府在中国复关问题上的立场随即发生重大转变，中国的复关谈判进程陷入停滞状态。"（15.264-265）"1999 年 5 月 8 日，以美国为首的北约轰炸中国南斯拉夫使馆，中国政府决定中止与美国的 WTO 双边谈判。"（17.1001）"2001 年 4 月 1 日，美国战机在中国南海空域挑衅，发生了撞机事件，中美关系呈现紧张局面。美国方面称，如果这一事件不能迅速得到解决，可能会影响美国支持中国加入 WTO 的态度。中国加入 WTO 谈判也因此陷于停顿。"（参见

"二十、双边与多边")

　　幸运的是，这只小船终于乘风破浪，抵达
彼岸！

二十四、

人　物

　　历史，看似一系列事件，实际上历史是人创造的。也就是说，我们只有了解历史事件背后的人物，才能真正理解历史。我们今天回顾中国"入世"，情况也是这样。历经 15 年的艰辛谈判，中国终于"入世"了。那么，是哪些人创造了这段历史？

　　翻开历史，我们看到了中方的首席谈判代表、外经贸部副部长：沈觉人、佟志广、谷永江和龙永图；我们看到了外经贸部部长李岚清、吴仪和石广生；我们甚至看到了国家领导人江泽民和朱镕基（"1999 年 4 月朱镕基访美，美放弃与中方达成协议。"17.143。1999 年 11 月 15 日，"上午，国务院总理朱镕基、副总理钱其琛和国务委员吴仪在

"二十、双边与多边")

　　幸运的是，这只小船终于乘风破浪，抵达彼岸！

二十四、
人　物

历史，看似一系列事件，实际上历史是人创造的。也就是说，我们只有了解历史事件背后的人物，才能真正理解历史。我们今天回顾中国"入世"，情况也是这样。历经 15 年的艰辛谈判，中国终于"入世"了。那么，是哪些人创造了这段历史？

翻开历史，我们看到了中方的首席谈判代表、外经贸部副部长：沈觉人、佟志广、谷永江和龙永图；我们看到了外经贸部部长李岚清、吴仪和石广生；我们甚至看到了国家领导人江泽民和朱镕基（"1999 年 4 月朱镕基访美，美放弃与中方达成协议。"17.143。1999 年 11 月 15 日，"上午，国务院总理朱镕基、副总理钱其琛和国务委员吴仪在

　　　　　　　　　中国"入世"简说

外经贸部主楼 11 层会议室与巴舍夫斯基、斯帕林等美国代表团主要成员进行会谈。"17.1037)。我们看到了美方的首席谈判代表、美国贸易代表助理纽柯克（Douglas Newkirk）、道斯金（Dorothy Dwoskin）、李森智（Lee Sands）和卡希迪（Robert Cassidy）；我们看到了美国贸易代表坎特（Michael Kantor）和巴舍夫斯基（Charlene Barshefsky），我们甚至看到了美国总统克林顿（1998 年 11 月 6 日，"克林顿致函江泽民，提出结束谈判时间表"，16.935；"1999 年 10 月 17 日，中国国家主席江泽民应克林顿要求与其就 WTO 问题通了电话。11 月 3 日克林顿致函江泽民，……11 月 7 日，江泽民应约与克林顿通电话。"17.1027)。我们看到了中国工作组主席吉拉德（Pierre-Louis Girard）和秘书格特勒（Jeffrey Gertler）。就是这样一些大人物，还有他们背后那些小人物所组成的庞大团队，创造了这段波澜壮阔的历史。

关于这段历史，大人物的回忆录和访谈中多有涉及——毕竟这是一段重要的历史，也是光荣的历史。此处我想从小人物的角度，增加一点自己的经历。

在"十九、法规清理"一节，我曾经写道："出席中国工作组第9次会议中国代表团名单"上，出现了"杨国华 外经贸部条法司副处长"（11.799）。我还感慨和许诺道："啊！那些如火如荼如歌的岁月啊！请容我专文慢慢讲述吧……"现在回想起来，在多边谈判方面，我除了参加了2000年3月21日的第9次工作组会议，还在此前参加过1月17日的非正式磋商（11.777）。初访日内瓦，初次踏进WTO总部的大门，新鲜啊，兴奋啊。然而，现在除了大街上随处可见的表店和会议室熙熙攘攘的人群，已经不记得什么了。在双边谈判方面，1999年11月底在外经贸部谈判大厅举行的那次中美六天六夜的冲刺谈判，倒是记忆犹新（17.1051）。国家领导人一个个电话过来，让我感到是他们在直接指挥这场谈判。美国人动不动就要"撂挑子""走人"，让我们这些小人物很是气不过。当我和同事们正在楼下核对文本，美国贸易代表办公室法律总顾问推开门道：结束了，谈判结束了！然后，我们大家就涌到楼上去合影——那张中美达成协议的照片上的最边上，似乎有我一半身影！后来，又列席过中欧（2000年3月28日，中欧第15轮双边磋商，19.188；5月15日，中欧第16轮双边磋商，19.244）和中墨的双边谈判，谈了什么，早已记不清了。因此，对于我来说，"参加谈判"，也就是凑凑热闹而已，谈不上作了什么贡献。当然，通过"参加谈判"，我意识到中国"入世"兹事体大，能够亲历这段历史无上荣光。

在中国"入世"的进程中，我实实在在做了一点事情的，是"法规清理"工作。关于此事的意义，"十九、法规清理"一节已有介绍。记得当时有一期《财经》杂志的封面，把这项工作称为"中国变法"（《财经》2001年11月）。为了履行入世承诺，中国修改和制订了大量法律法规。这是一场空前绝后的"变法"运动！

在"十九、法规清理"一节的附件资料中，我介绍说："在国务院'WTO领导小组'的统一领导和部署下，外经贸部（现商务部）于2000年初成立了以石广生部长和主管部领导为正、副组长、各司局主管领导为成员的外经贸部"WTO法律工作领导小组"。领导小组办公室设在条法司。各司局也相应成立了WTO法规修改工作小组，指定专人负责。从2000年底外经贸部成立WTO法律工作小组到2002年8月工作小组正式解散，在历时两年八个月的"修法"活动中，共修订法律文件210件，废止法律文件559件，确定保留法律文件450件。"

　　那段时间，我和几位同事就是专职做这项工作的。我们需要尽快学习WTO规则和中国承诺的内容，并且以此为据，对照检查上千份外贸部法律法规文件。外经贸部各个司局都参与了这项工作，遇到问题就一起商量。与此同时，这个办公室还承担着"总台"的工作。也就是说，当其他部委遇到问题，也要咨询我们这些"WTO规则专家"。如果说"变法"是一场浩浩荡荡的行军，那么我和我的同事就是"马前卒"，走在队伍的最前面！啊！那些如火如荼如歌的岁月啊！再长的文字也无法道其一二……

简单记叙了我这个小人物的经历，我觉得，还有一个"小人物"不得不写。如果没有他，中国"入世"谈判不知道还会增加多少的忙乱，因为他在谈判代表团里是"大拿"，无所不知、无所不晓、无所不管，被戏称为"索妈妈"；如果没有他，"中国'入世'法律文件"中文翻译本不知道会如何错误百出，因为是他在繁忙的谈判工作中，始终带着一台笔记本电脑，随谈随译，确保了质量上乘、译文权威的中文本问世；如果没有他，就没有我这24篇系列"中国入世 史海钩沉"，因为这20册2万余页的《中国加入世界贸易组织谈判文件资料选编》，几乎是他一人之力完成的，尽管他在"中国恢复关税与贸易总协定缔约国地位及加入世界贸易组织谈判档案整理记"中感谢了很多领导和同事，甚至还列出了我这个几乎没有为此做过任何事情的同事的名字（20.1205-1208）。他就是索必成先生，现在商务部世界贸易组织司工作。我们不敢说，没有他，中国"入世"的历史会如何不同。但是我们绝对可以说，没有他，我们的面前就不会摆着这皇皇巨卷，就不可能如此便捷高效地了解这段波澜壮阔的历史。

责任编辑：洪　琼

图书在版编目（CIP）数据

中国"入世"简说 / 杨国华 著 . —北京：人民出版社，2021.12

ISBN 978－7－01－023948－4

I.①中…　II.①杨…　III.①世界贸易组织－影响－中国经济－研究

　IV.①F743②F124

中国版本图书馆 CIP 数据核字（2021）第 222374 号

中国"入世"简说

ZHONGGUO RUSHI JIANSHUO

杨国华　著

人 民 出 版 社 出版发行

（100706　北京市东城区隆福寺街 99 号）

北京汇林印务有限公司印刷　新华书店经销

2021 年 12 月第 1 版　2021 年 12 月北京第 1 次印刷

开本：850 毫米 ×1168 毫米 1/32　印张：6.5

字数：100 千字

ISBN 978－7－01－023948－4　定价：49.00 元

邮购地址 100706　北京市东城区隆福寺街 99 号

人民东方图书销售中心　电话（010）65250042　65289539